天皇陛下
〈8・8ビデオメッセージ〉の
真実

添田 馨
Soeda Kaoru

不知火書房

象徴としてのお務めについての天皇陛下「おことば」（平成28年8月8日）

戦後七十年という大きな節目を過ぎ、二年後には、平成三十年を迎えます。

私も八十を越え、体力の面などから様々な制約を覚えることもあり、ここ数年、天皇としての自らの歩みを振り返るとともに、この先の自分の在り方や務めにつき、思いを致すようになりました。

本日は、社会の高齢化が進む中、天皇もまた高齢となった場合、どのような在り方が望ましいか、天皇という立場上、現行の皇室制度に具体的に触れることは控えながら、私が個人として、これまでに考えて来たことを話したいと思います。

即位以来、私は国事行為を行うと共に、日本国憲法下で象徴と位置づけられた天皇の望ましい在り方を、日々模索しつつ過ごして来ました。伝統の継承者として、これを守り続ける責任に深く思いを致し、更に日々新たになる日本と世界の中にあって、日本の皇室が、いかに伝統を現代に生かし、いきいきとして社会に内在し、人々の期待に応えていくかを考えつつ、今日に至っています。

そのような中、何年か前のことになりますが、二度の外科手術を受け、加えて高齢による体力の低下を覚えるようになった頃から、これから先、従来のように重い務めを果たすことが困難になった場合、どのように身を処していくことが、国にとり、国民にとり、また、私のあとを歩む皇族にとり良いことであるかにつき、考えるようになりました。既に八十を越え、幸いに健康であるとは申せ、次第に進む身体の衰えを考慮する時、これまでのように、全身全霊をもって象徴の務めを果たしていくことが、難しくなるのではないかと案じています。

私が天皇の位についてから、ほぼ二十八年、この間《かん》私は、我が国における多くの喜びの時、また悲しみの時を、人々と共に過ごして来ました。私はこれまで天皇の務めとして、何よりもまず国民の安寧と幸せを祈ることを大切に考えて来ましたが、同時に事にあたっては、時として人々の傍らに立ち、その声に耳を傾け、思いに寄り添うことも大切なことと考えて来ました。天皇が象徴であると共に、国民統合の象徴としての役割を果たすためには、天皇が国民に、天皇という象徴の立場への理解を求めると共に、天皇もまた、自らのありように深く心し、国民に対する理解を深め、常に国民と共にある自覚を自らの内に育てる必要を感じて来ました。こうした意味において、日本の各地、とりわけ遠隔の地や島々への旅も、私は天皇の象徴的行為として、大切なものと感じて来ました。皇太子の時代も含め、これまで私が皇后と共に行《おこな》って来たほぼ全国に及ぶ旅は、国内のどこにおいても、その地域を愛し、その共同体を地道に支える市井《しせい》の人々のあることを私に認識させ、私がこの認識をもって、天皇として大切な、国民を思い、国民のために祈るという務めを、人々への深い信頼と敬愛をもってなし得たことは、幸せなことでした。

天皇の高齢化に伴う対処の仕方が、国事行為や、その象徴としての行為を限りなく縮小していくことには、無理があろうと思われます。また、天皇が未成年であったり、重病などによりその機能を果たし得なくなった場合には、天皇の行為を代行する摂政を置くことも考えられます。しかし、この場合も、天皇が十分にその立場に求められる務めを果たせぬまま、生涯の終わりに至るまで天皇であり続けることに変わりはありません。

天皇が健康を損ない、深刻な状態に立ち至った場合、これまでにも見られたように、社会が停滞し、国民の暮らしにも様々な影響が及ぶことが懸念されます。更にこれまでの皇室のしきたりとして、天皇の終焉に当たっては、重い殯《もがり》の行事が連日ほぼ二ヶ月にわたって続き、その後喪儀《そうぎ》に関連する行事が、一年間続きます。その様々な行事と、新時代に関わる諸行事が同時に進行することから、行事に関わる人々、とりわけ残される家族は、非常に厳しい状況下に置かれざるを得ません。こうした事態を避けることは出来ないものだろうかとの思いが、胸に去来することもあります。

始めにも述べましたように、憲法の下《もと》、天皇は国政に関する権能を有しません。そうした中で、このたび我が国の長い天皇の歴史を改めて振り返りつつ、これからも皇室がどのような時にも国民と共にあり、相たずさえてこの国の未来を築いていけるよう、そして象徴天皇の務めが常に途切れることなく、安定的に続いていくことをひとえに念じ、ここに私の気持ちをお話しいたしました。
国民の理解を得られることを、切に願っています。

（宮内庁ホームページより）http://www.kunaicho.go.jp/page/okotoba/detail/12#41

目次

象徴としてのお務めについての天皇陛下「おことば」（平成28年8月8日）　1

＊

幻想史学と天皇ビデオメッセージ　10
象徴としての天皇が語ったこと　22
天皇陛下〈8・8ビデオメッセージ〉の真実　24
反知性主義クーデターに抗する存在について――今上天皇と〈象徴存在〉　40
日本国憲法と〈象徴存在〉　63
象徴と民心　77
（1）宮内庁の幹部人事が物語ること／（2）象徴界の言語について
（3）有識者会議とそのヒアリングへの批判

◎参考資料
大嘗祭の本義［抜粋］　84／日本国憲法［抜粋］　88／自民党・日本国憲法改正草案［抜粋］　91
Message from His Majesty The Emperor (August 8, 2016)　96
初出一覧　98
あとがき　99

天皇陛下〈8・8ビデオメッセージ〉の真実

幻想史学と天皇ビデオメッセージ

「幻想史学と天皇ビデオメッセージ」というテーマで、天皇陛下のいわゆる「生前退位」の問題につき、最近ニュースなどで取り上げられていることを中心に今日はお話をします。

はじめに申し上げておきますと、実はこの問題の本質は「生前退位」ということではないと私は考えております。では何なのかというと、まず第一には現在の象徴天皇制が安定的に続いてほしいということ。そして第二には、その目的のために「生前譲位」ということがありうるということなのだと思います。

お配りした三枚の資料のうち、二枚目は宮内庁長官であった風岡さんという方が任期をまっとうする前に、いわば更迭のような形で長官を退かれたという内容の新聞記事です。この風岡長官の更迭により、七月十三日の（天皇陛下の）生前退位のニュース、そして八月八日の天皇陛下のビデオメッセージという事件の意味がむしろはっきりしたのではないかと私は考えています。

この天皇陛下の「生前退位」の第一報は、七月十三日のＮＨＫの七時のニュースで流れました。これは重大なニュースですが、それがスクープのような形で発表されたということに私はまず驚きを覚えました。加えてそれを流したのがＮＨＫという、いまや現政権の広報機関といっても過言でない放送局であることも衝撃的でした。ですのであのニュースを聞いた時「何かおかしい」と誰しもが感じたのではないかと思います。これはまた現政権が改憲に向けて世論を攪乱しようとしているのではないかなど、様々なことが頭をめぐりました。しかし風岡長官の更迭のニュースによって、これら一連の出来事はそういう思惑があってのことではないという確信にいたりました。つまりあのスクープは、結論から申し上げると、政権側も事前に止めることができなかったものだったのです。そして風岡さんはその責任を取らされたと言える。

非常に面白いのは、生前譲位の話というのは実は前々からあって、宮内庁のなかで「4プラス1会合」というものがなされていたそうです。これは何かというと、現在の天皇陛下が生前譲位の意向を強くお持ちになっているということが以前からあったので、宮内庁のなかの四人の高官──宮内庁長官と次官、そして侍従長と侍従次長に加え、宮内庁ＯＢの方を一名加えた計五名で生前譲位に向けた道筋づくりのための打ち合わせを不定期にやっていたというのです。

もちろんこの会合の内容は官邸にもその都度報告がなさていたので、それを受けて官邸としても独自にこの問題を検討していた。その結果、「やっぱり生前退位はできないので、摂政をおくことで対応してください」という結論が官邸から宮内庁に出されたようです。従って、この度の「お気持ち」の表明は、その官邸の意向を今上天皇が明確に拒否したと言える出来事だったと思います。

今日、室伏志畔さんは古代の天皇のお話をしましたが、私は現在の天皇の話をしています。ここに幻想史学という方法論を援用すると、ものごとは書かれた事実ばかりを見ていたのではだめで、必ず裏側に書かれていない様々な真実がある。そこを想像力で補う必要があるということになる。これは現代にも繋がることだと思います。

ではこのスクープ劇の裏に何があったのか。色々な週刊誌や雑誌が特集を組んでいますから、それを読まれた方もいらっしゃると思いますが、私が調べて摑んだ概略というのはおよそ次のようなことです。

まず、今上天皇が生前譲位を強く希望している。そのことは側近や侍従長はもちろん知っていた。そしてここにひとり、ＮＨＫの記者が絡んでいます。「社会部のH記者」と週刊誌などには書かれていますが、橋口記者という方です。彼は皇室からの信頼が篤い方で、彼がスクープをもたらした本人とされているのですが、私はおそらく、天皇陛下のお心に沿った幾人かのグループがあって、そのグループの水面下の働きかけによって今回のスクープがもたらされたのだろうと考えています。

七月十三日のニュースが流れた時、当時の宮内庁次官――今度長官に昇格される方がそれを否定しましたね。これはまさに情報のリークの常套手段で、一方で情報を出しておきながらもう一方で否定をするというやり方なんですね。ニュースさえ流れてしまえば公式に否定しても流れたという事実は残るので、結果的に八月八日に「天皇陛下のおことば」というビデオメッセージが公表されることになる。実はこれが目的だったのです。天皇陛下が直接国民に向けてスピーチをする機会をつくりたかった。そのための布石を打ったのですね。

官邸が「生前退位」はできないと言っているにもかかわらず、天皇陛下は自らの言葉でその意向を示されたという解釈が成り立つからです。従って今回の一連の事件で大きな失態を演じているのはまぎれもなく安倍政権であると言えます。政権が皇室＝天皇陛下と対立しているということが国民の前に明らかになってしまった。いまそれを特措法なんかで一生懸命やり過ごそうとしていますが、どこまでできるのか。いずれにせよこれが今回の一連の事件の真相であろうと思います。

天皇陛下のビデオメッセージはネットなどでいまでも見ることができますが、陛下はご自分が高齢になったので、「象徴」としての務めをまっとうできるかわからない。なので元気なうちに皇太子に位を譲りたい。そういう内容だったと思います。しかし、よく「おことば」を読んでいただくとわかるのですが、「生前退位」したいとは一言も言っていない。とにかく「象徴」としての務めを、全身全霊をかけて自分はやりたいんだとおっしゃっているのです。これが一番強いお気持ちです。

では「象徴としての務め」とは何か。天皇陛下には「国事行為」「公的行為」「私的行為」という三つの行為類型があって、国事行為というのは国会を招集したり栄典を授与するなどの実務的な役割にまつわるもので、憲法に規定されているものです。また、式典への参列など憲法に規定はないけれども、公的な性格をもつものを公的行為と呼んだりもしています。これらは天皇機関説の考え方で言えば摂政でも問題ないわけです。しかし今回のビデオメッセージでは摂政ではだめだと言っている。つまり国事行為や公的行為は摂政でも代行できるのに、「象徴としての務め」は摂政では務まらないと言っているのです。これについて解説しているものがほとんどないのですが、ともかくビデオメッセージの言葉をそのまま受け取ったのではだめで、何か思想的な意味をそこから汲み取る必要があります。

ここからは私の考えになりますが、ひとつにはこの「象徴としての務め」というのが重要テーマになってくるのではないかと考えます。天皇陛下の「おことば」を以下に抜粋します。天皇陛下がこの「象徴としての務め」をどう捉えているのか、ここから読み取ることができると思います。

私が天皇の位についてから、ほぼ二十八年、この間《かん》私は、我が国における多くの喜びの時、また悲しみの時を、人々と共に過ごして来ました。私はこれまで天皇の務めとして、何よりもまず国民の安寧と幸せを祈ることを大切に考えて来ましたが、同時に事にあたっては、時として人々の傍らに立ち、その声に耳を傾け、思いに寄り添うことも大切なことと考えて来ました。天皇が象徴であると共に、国民統合の象徴としての役割を果たすためには、天皇が国民に、天皇という象徴の立場への理解を求めると共に、天皇もまた、自らのありように深く心し、国民に対する理解を深め、常に国民と共にある自覚を自らの内に育てる必要を感じて来ました。

象徴天皇制というのはご存知のように、戦後にできた制度です。象徴天皇制が始まって初めて即位したのが今上天皇なのですが、私たちは象徴天皇制という名前は知っておきながら、その本質をあまり深く考えてこなかったように思います。実は私自身もそうでした。しかしあの「おことば」を聞いて、あっと思いました。象徴天皇制の大元である天皇陛下が、この制度の本質をご自分の言葉で語っている。こんなすごいことはないと思います。学者などが解釈をするのではなく、ご本人が話されている。それは象徴天皇として即位され、生きてこられた方の肉声なんですね。

今上天皇即位後には雲仙普賢岳の災害を皮切りに、日本にはたくさんの災害がありました。被災地に赴く天皇陛下の姿を私たちは日頃からテレビなどで見て、さも当たり前のように感じていますが、あれは誰かに要請されたのではなく、陛下自らのご意思でされていることです。床に膝をつき、被災者の方と同じ目線で慰める。これが象徴としてのお務めのひとつと陛下は考えてらっしゃるのだと思います。

先ほど私はこのような象徴としての務めは「摂政ではだめなんだ」と陛下がおっしゃっていると言いました。今日室伏さんが「天皇霊」のお話をされましたが、天皇として即位しているかどうかということは、この場合、決定的な違いだということなんですね。

ここはなかなか分かりづらいのですが、例えば折口信夫が昭和三年に「大嘗祭の本義」という論文を書いています。折口によれば、「天皇霊」というものが代々天皇家には伝わっていて、大嘗祭によってそれを自らの身体に受け入れて初めて天皇になるという。大嘗祭というのは秘儀ですので内容はよくわかっていませんが、そうした儀式をやらないと天皇になれないという観念は深く日本の伝統のなかにあったのだろうと思います。

それに加えて、いまの天皇陛下の独自のお考えというものがあります。陛下は皇太子の時代に、日本人には忘れてはならない四つの日があるとおっしゃっています。広島の原爆の日、長崎の原爆の日、沖縄終戦の日、そして終戦記念日の四つ。それから即位された後にも、サイパンやパラオに出向いて慰霊の行為をされてこられた。平成二十七年四月、パラオに行かれた際、晩餐会で読まれた答辞があります。その一部を読みあげさせていただきます。

先の戦争においては、貴国を含むこの地域において日米の熾烈《しれつ》な戦闘が行われ、多くの人命が失われました。日本軍は貴国民に、安全な場所への疎開を勧める等、貴国民の安全に配慮したと言われておりますが、空襲や食糧難、疫病による犠牲者が生じたのは痛ましいことでした。ここパラオの地において、私どもは先の戦争で亡くなったすべての人々を追悼し、その遺族の歩んできた苦難の道をしのびたいと思います。

さて、「先の戦争で亡くなったすべての人々を追悼し」と言っていますが、これは日本の軍人・軍属に加えパラオの犠牲者、さらにアメリカ軍の犠牲者もこのなかには入っていると読むことができます。日本がどうの、アメリカがどうのということではなく、戦争で亡くなったすべての人を追悼するとおっしゃられている。それも日本国の象徴としてです。これはすごいことですね。私たちにはこういう追悼なんてできません。身内が亡くなってもお坊さんにお経を読んでもらうことくらいしかできませんが、陛下は戦争で亡くなったすべての人を、公的に追悼しているわけです。この資格は一体どこからきているのか。それがわかれば今上天皇が「象徴天皇の務め」だと考えているものの本質も見えてくるはずなんです。

先ほど折口の話をしましたが、今上天皇は人々の傍らに寄り添って、その方々とつねに一緒に苦難を共にして居ることで象徴天皇としての資格を得ている。これだと思うのです。いま生きて、災害にあって苦しんでいる方々も、過去に戦争によって非業の死を遂げられた方々も、陛下にとっては同じなのだろうと私は考えます。

〝象徴〟とは何かというと、それは〝私〟がないということなんですね。つまり空虚なんです。我々一般人は生まれて育って職業に就いて結婚して、そうして人並みの幸せを追求します。しかし陛下はそれ以上に、〝象徴〟として生きてこられて、〝象徴〟であるとはどういうことかということを自分の生き方を通じて国民に示してこられた。そしてその空虚な〝象徴〟を一個の生きた〝象徴存在〟へと高めているもの、それこそが、すべての戦没者の追悼という行為が陛下にもたらしたところの固有の意味だと思うのです。陛下はその方々の傍らに寄り添い、彼らを慰霊するというその行為によって、ご自身の霊性のレベルでの象徴性をずっと保たれてこられたのではないか――これが私の仮説です。

「摂政ではだめだ」ということは、まず天皇としてその「象徴」としての生き方を自らの身体に植えつけた者でないとその「務め」は果たせないということです。そしてなにより、そういう天皇のあり方を保障しているのがまぎれもなく日本国憲法なのだということです。これが最も大事なことだと思うのです。

最近、天皇陛下のビデオメッセージの内容に対する批判をよく耳にします。それらの批判的論調は、たいがい、天皇陛下が災害被災地を訪問されることや、太平洋戦争の激戦地の島々などを訪問慰霊されることなどに対して、勝手に余計なことをしているというニュアンスを帯びています。確かにこれらの行為は、今上天皇ご自身の意思によるもので、誰からも要望されたわけではありません。私たちは、この意味をどう考えるべきでしょうか？

私は、今上天皇が「象徴天皇」として自らの在りかたをよくよく考え抜いた末の、それは最終の着地点なのだと思っています。なぜなら、宮中にいて決められた仕事や祭儀などをただこなしているだけであれば、それは「象徴としての務め」を果たしたことにはならないとお考えだからではないでしょうか。つまり、自ら発意されたそれらの象徴的行為をおこなうことで、ご自身に「象徴」として存在するということの意味づけをつねに前向きに与え続けておられるのだと思います。

考えてもみてください。憲法条文に日本国および日本国民統合の「象徴」だと明記されてあるそのことだけで、人は「象徴」としての存在にそのままますんなりなれるものでしょうか？　先にも言いましたように、〝象徴〟とは〝私〟がないということ、つまり無なのです。空虚なのです。今上天皇はそのことを身をもって分かっていらっしゃる。だから、自らああして積極的に行為することで、本当に「象徴」として相応しい存在になろうとご努力されてきたのだと思うのです。

人は初めから人に生まれるのではなく、人になるのだとよく言われます。そして、実は天皇も初めから天皇に生まれるのではなく、みずから天皇になるのだと私は思うのです。

この〝天皇になる〟ことの意味づけにおいて、折口は「大嘗祭の本義」のなかで「天皇霊」というものを構想したのです。「真床襲衾（マドコォフスマ）」の秘儀として折口が考えたのも、天皇が真に天皇になるための象徴儀礼としてでした。でもそれは、あくまで外からの視線によって想像されたものでした。

これに対して今上天皇は、ご自身が天皇（象徴天皇）になることの意味づけを、これまで見てきたような被災地訪問や戦争犠牲者の追悼といった、直接的かつ主体的なその行為によって行おうとされてきたわけです。そして、天皇陛下ご自身が先の「おことば」のなかで、そのことを切々と訴えていたように私は感じたのです。「おことば」を批判する人たちは、今上天皇のその真摯な生きかたを、なぜ尊重しようとしないのでしょうか？

自民党がいま提出している憲法改正草案では、まず第一に天皇は日本国の「元首」であるとされていますね。こういう動きに対していまの天皇陛下は大きな危機感を持たれているのではないかと感じます。この度の「生前退位」をめぐる一連の出来事は、退位したいということよりも、天皇の象徴性を保障している日本国憲法を手放したくないという陛下の痛切な思いがあって、そしてそれに共鳴した周囲の極限られた人たちが動いた結果ではないかと私は思っています。天皇陛下のこうしたお気持ちに、私たち国民はどのように寄りそっていくべきなのか？　それを問われているのは、実は私たち国民ひとりひとりなのです。

象徴としての天皇が語ったこと

2016年8月8日午後3時より、ビデオメッセージのかたちで今上天皇が国民に向け語りかけたことの意味は、戦後以後を生きるこの国にとって、とてつもなく大きくまた重いものだった。そう私が感じた、その理由を述べたい。

結論から言おう。先般の天皇の「おことば」は、端的に、安倍政権とその思想的取巻きである日本会議に向けた、天皇ご自身による静かな、しかし絶対的な覚悟を秘めた悲憤の表明である。

今上天皇のこれまでの言動や生い立ちに鑑みるに、安倍政権が進める憲法改正にむけた一連の策謀は、天皇ご自身にとって決して受け入れられるような性格のものではない、と私は常々感じていた。だから、改憲に向かうこの流れに抗して、万が一にも天皇ご自身が身を挺して立ち上がることが、ひょっとしてあり得るのではないか、という空想さえ抱いていた。今回のビデオメッセージによって、私のこうした空想ははたして現実のものになったと思っている。と同時に、今回ほど、天皇が自らのあり方を〝象徴存在〟として、私たちの意識に鮮明に訴えかけた出来事もなかっただろう。迂闊にも私たちの多くは、今上天皇が徹底した〝象徴存在〟としてご自身を厳しく律して生きてこられた意味を、これまで十分に理解していなかったのだ。ひとりの人間でありながら、国の象徴でもあり続けること。天皇以外の誰が、その想像を絶するような困難を、自分自身の運命として受け容れられたろう。近代以降の天皇のなかでも、純粋に象徴として生きてこられたのは、今上天皇ただひとりなのである。従ってその言葉も、現実界にではなく象徴界にその根拠を有するものだと、私にはごく自然に信じられるのである。

いま私たちに訪れているのは、これまで沈黙していたこの国の象徴界が、今上天皇の身体を憑代に、初めて人の言葉で語りだすという前代未聞の稀有な事態なのだ。そして、この言葉を重く受け止めねばならぬのは総理大臣ではなく、私たち国民一人一人なのである。

天皇陛下〈8・8ビデオメッセージ〉の真実

闘うお姿の天皇陛下

〈8・8ビデオメッセージ〉が私たちに示したのは、まぎれもなく、今上天皇が時の政権に対して真っ向から闘いを挑む姿だった。だが、ほとんどの人は、その事実にも、その意味にもまったく気付いてない。その理由は、〈8・8ビデオメッセージ〉について、マスコミ各社が一斉に「生前退位への意向をつよくにじませる内容」だと報じたからである。

だが、メッセージを隅々まで読んでも、天皇は自身の「生前退位」のことに直接触れてはいない。むしろ、天皇は象徴としての務めを「全身全霊」で全うしなければならないこと。また、そのためには、摂政では駄目なのだと言っているのである。ここには、明らかに〈8・8ビデオメッセージ〉が孕む真実の意図の、マスコミによる隠蔽操作＝すり替えが働いているのだ。それは、つまり、天皇は現在もこれからも〈象徴〉として存在しなくてはならないという陛下ご自身の強い意思の表明だったものを、高齢に伴う健康不安から自分がまだ元気なうちに譲位することを図りたいという皇位継承問題に、まんまとすり替えたのである。

そのことがはっきり分かるメッセージの箇所を、以下に引用する。（傍線引用者、以下同）

そのような中、何年か前のことになりますが、二度の外科手術を受け、加えて高齢による体力の低下を覚えるようになった頃から、これから先、従来のように重い務めを果たすことが困難になった場合、どのように身を処していくことが、国にとり、国民にとり、また、私のあとを歩む皇族にとり良いことであるかにつき、考えるようになりました。既に八十を越え、幸いに健康であるとは申せ、次第に進む身体の衰えを考慮する時、これまでのように、全身全霊をもって象徴の務めを果たしていくことが、難しくなるのではないかと案じています。

「全身全霊をもって」とは、極めて強い尋常ならざる表現である。私はこの箇所を読んだ時、はじめて今上天皇の存在そのものに触れたとの実感を得た。それまで、雲のうえの人でしかなかった天皇を、自分たちと同じ生身の人間として受け止めることができた、初めての瞬間だった。この体験をへて以降、このメッセージは私にまったく新しい意味を投げかけてくるようになった。

それは、憲法上に規定こそあるものの、過去に規範も前例もない〈象徴〉としての生き方が、実際にどうあるべきかについて、最も悩み、最も真剣にその答えを模索し、かつ最も果敢にその要請に応えようと努力されてきたのが、他でもない陛下ご自身であったという事実に、改めて思い至らせてくれたのである。

官邸が超えられなかった「壁」

詩人の谷内修三《やちしゅうそ》が、この部分をめぐる報道について興味深い情報を寄せている。2016年8月10日の読売新聞朝刊（西部版・14版）の記事「象徴天皇　お言葉の背景　上」の情報として、「幸いに健康であるとは申せ」の一文は、ビデオ放送前日に加筆されたものだというのである。そして、この一文から、「首相官邸の関係者」は「摂政は望まない」という今上天皇の強い意思を感じ取り、「これで摂政を前提とした検討はできなくなった」と感じ、退位を前提とした法整備しかないと覚悟を決めたのだという。（ブログ「詩はどこにあるか　谷内修三の読書日記」2016年8月16日、自民党憲法改正草案を読む・番外7　天皇の「お言葉」再読　より）

この記事を読んで私の直感は、この部分の意味について、ある畏怖すべき結論に達した。結局これは、今上天皇が天皇ご自身における〝身体の不二性〟を表明した肉声なのではないか、というようにである。

「幸いに健康であるとは申せ」とは、この先、自分の健康が損なわれるような事態を当然予想してのことだろう。だが、たとえその場合でも、摂政を設けることで国事行為上は何の不都合もなくなるはずである。例えば皇太子が摂政につくことで制度上の不都合は解消できるだろう。

しかし、それを天皇自身が否定したということは、たとえ血統のつながっている者であっても、自分が天皇として果たしてきた役目は果たせないのだと言っているのに等しい。このことは驚くべきことに、天皇みずからが、血統の連続性とはまた別のところに、自分を天皇とならしめた絶対的根拠を置いていることを暗黙の裡に伝えている。「首相官邸の関係者」が、宮内庁（天皇）側との水面下のやり取りのなかで、どうしても超えられなかった壁が、実はこのことだったと思われる。

今回の生前退位騒動をめぐる数々の謎の核心部分が、おそらくここに隠されている。以下、時系列に沿ってその報道の流れを追い、私なりに整理してみる。

一人称で述べられた「おことば」

天皇の「生前退位」の意向のニュースは、参院選後の7月13日午後6時55分にNHKがTVでまずテロップを流し、続いて午後7時からのニュース番組で報道したのが最初だった。きわめて唐突だったという印象が否めない。

しかし、その一方で、宮内庁は即日、この報道内容を完全に否定したのである。さらに、総理をはじめ政府要人は、この件についてのコメントは一切差し控えるという態度を見せた。間違いなく、裏があってのスクープだと感じさせて余りある情報の出し方だった。一体、裏では何があったのか。

今上天皇が以前から生前退位の意向を周囲に話されていたという情報はすでにあった。一部報道では、参院選以前にこうした表明を公表する画策が、宮内庁と政府のあいだで為されたらしい。しかし、それは実現せずに終わった。

事態が動いたのは7月も終盤に至って、天皇が翌月8月8日にも「生前退位」に向けた自身の気持ちを国民に向けて直接語りかけるとの情報が流れた時である。終戦時の「玉音放送」を除けば、天皇がみずからのメッセージを直接国民に伝えたケースは２０１１年3月11日の東日本大震災の時以外になく、そうした事実を顧みれば、今回の〈8・8ビデオメッセージ〉がいかに異例中の異例な出来事だったかが分かるだろう。

ビデオメッセージが公表された後、安倍総理がその天皇の「おことば」を受けてコメントを発表する旨の報道がなされた。これまで、一連の報道に対して沈黙を守ってきた政府側が、公式に対応を迫られた結果であった。

一部報道によると、当初、「お気持ち」の表明はビデオメッセージではなく、生放送もしくは記者会見形式にすることが検討されたとのことだった。しかしその後、何らかの理由で、録画済のビデオメッセージによる表明へと変更になった。

〈8・8ビデオメッセージ〉は、ざっと概観しただけでも、たくさんの紆余曲折を経て公表された様が窺える。そして、ここに今回の〈8・8ビデオメッセージ〉に関する最も重要な問題が浮上してくる。すなわち、天皇がこのビデオメッセージのなかで読み上げたあの「おことば」は、一体誰が書いた誰の言葉なのか、という問題である。

また別の報道では、8月8日に公表される予定の文案については、事前に宮内庁と官邸との間で何らかの調整がなされたことが言及されている。言い換えるなら、〈8・8ビデオメッセージ〉で天皇が読み上げた「おことば」は、政権側によってすでに検閲されているということである。

だとするならば、あの「おことば」は政権側が勝手に都合よくつくりあげた作文だったのかと

ビデオメッセージで「おことば」を読み上げられた天皇陛下

いうと、私はそうは思わないのである。もしそうだったら、そもそも宮内庁と官邸とのあいだで文面の調整を行う必要などないだろう。

このことに関して確実に言えるのは、宮内庁（天皇）サイドも官邸サイドも、その内容が憲法に規定されている天皇の政治関与に抵触しないよう、最大限の注意を払ったであろうことである。そして、「おことば」の内容を読むかぎり、この文章作成にあたって主導的だったのは宮内庁（天皇）サイドであって、決して官邸サイドではなかっただろうことである。

「おことば」は、全文の構成が基本的に、「私は」という主語で始まる一人称でできている。冒頭で天皇ご自身が、次のように述べていることを想起しよう。

　本日は、社会の高齢化が進む中、天皇もまた高齢となった場合、どのような在り方が望ましいか、天皇という立場上、現行の皇室制度に具体的に触れることは控えながら、私が個人として、これまでに考えて来たことを話したいと思います。

「私」とは、この場合、当然ながら天皇その人のことにほかならない。しかも驚くべきことに、天皇が「天皇」としてではなく、わざわざ「個人」として公式に話すと断っているのである。こんなことは、歴史始まって以来、前代未聞の事態ではないだろうか。したがって、官邸側がこうした主語をもつ文章を、天皇ご本人を差し置いて作文するなどということは、まず絶対にあり得ないと考えていい。

「おことば」を読み解く

これらのことを踏まえ、「お言葉」を読み解くうえでの重要な留意点をふたつほど挙げる。

まずひとつは、ある多義的な言葉が、文脈上で唐突に現れるにもかかわらず、実はそれが具体的に何を指しているのか言及されていない箇所。そこは、問題化することを避けるために、政治的な配慮から真実の意図を一般的な用語に置き換えた部分と推量される。さらにもうひとつは、言い回しが周到な否定形として逆に強調されている箇所。じつは、この部分にこそ、天皇が本当に伝えたかった内容が間接的に籠められていると考えなければならないことである。

「伝統」が指し示すもの

まず、ひとつめのケースであるが、「伝統」という言葉こそが、私はこうした深慮の結果、最終的に選択された用語に当たると考えている。具体的には、以下の箇所である。

即位以来、私は国事行為を行うと共に、日本国憲法下で象徴と位置づけられた天皇の望ましい在り方を、日々模索しつつ過ごして来ました。伝統の継承者として、これを守り続ける責任に深く思いを致し、更に日々新たになる日本と世界の中にあって、日本の皇室が、いかに伝統を現代に生かし、いきいきとして社会に内在し、人々の期待に応えていくかを考えつつ、今日に至っています。

「象徴」と並んで「伝統」が、ここでは言及されている。「象徴」は憲法にも明記してある理念だが、「伝統」のほうは憲法にも皇室典範にもその記載はない。何を指して今上天皇はこの「伝統」という言葉をお出しになったのか。

皇室の歴史的な継承について述べられた箇所で、唐突に「伝統」という言葉が使われている。この場合、「伝統」とは具体的には天皇家にのみ伝承される皇位継承儀礼を指しているとしか考えられない。

「おことば」の文面で、天皇は、終焉の際の「殯（もがり）の行事」については言及しているもののの、次の新しい天皇の即位儀礼についてはまったく触れていないように見える。だが、ここで「伝統」という言葉を使って、言外にそのことにも触れていたのである。

より想像を逞しくすれば、今上天皇は、大嘗祭に関係する重要な何かを念頭において、この言葉をお使いになったものと考える。

大嘗祭については、古来より、その内容は秘儀とされ、いまなお詳細は不明のままである。

折口信夫は昭和3年に「大嘗祭の本義」を著わし、はじめて「真床襲衾（マドコオフスマ）」の神事と「天皇霊」の関わりについて言及した。ここで重要なのは、天皇が代替わりする時、「天皇霊」なるものが次に天皇となる者の身体に降りてくるという、この不可逆的な構造である。

「天皇霊」は、日本書紀「敏達紀」十年春潤二月条に記載があるものの、その実体については皇祖の神霊であるとするものや、外来魂であるとするものなど、諸説あっていまだ定見はないようだ。

注目すべきは、この「天皇霊」が身体に憑かない限り、正統な皇位継承者といえども真の「天皇」にはなれないとする根深い観念が存在することである。このことは、必ずしも血統の連続をもって皇位継承の最終条件とするものではないことをも暗示している。

大嘗祭がもし、折口が述べたような祭儀構造を現在もまだ保持しているとすれば、このような観念は今上天皇の意識において間違いなく継承されていた共同幻想だったと考えられる。

　そこで私は、ふと立ち止まらざるを得ない。

　もしも、もしも万が一、今上天皇がこうした観念世界を皇室の「伝統」として明確に自覚しながらも、同時に、開かれた公的空間でみずからを憲法に定める「象徴天皇」に相応しい存在へとその身を厳しく律してきたとするなら、「天皇霊」にあたるような何らかの実体を持った霊性がそこに必ず介在していなければおかしい。一体、それは何だろう？

　ビデオメッセージが公表されてから一週間後の8月15日、「全国戦没者追悼式」で述べられた陛下の「おことば」を聴いて、意外なことに、私はそれが先の大戦における膨大な数の戦没者の霊であったことを、まさに確信したのである。以下にその一部を引用する。


　終戦以来既に七十一年、国民のたゆみない努力により、今日の我が国の平和と繁栄が築き上げられましたが、苦難に満ちた往時をしのぶとき、感慨は今なお尽きることがありません。

　ここに過去を顧み、深い反省とともに、今後、戦争の惨禍が再び繰り返されないことを切に願い、全国民と共に、戦陣に散り戦禍に倒れた人々に対し、心から追悼の意を表し、世界の平和と我が国の一層の発展を祈ります。

いうまでもなく、日本国憲法は第二次世界大戦の敗北とその惨禍への深い反省に立って、国民主権や基本的人権の尊重に加え、戦争放棄（平和主義）の強固な思想によって貫かれたものであり、同時にまた、現在の「象徴」としての天皇の地位を保障した唯一の法的根拠でもある。

今上天皇は、日本国憲法が発布されて以降、最初に即位された天皇だった。つまり、象徴天皇制移行後に天皇になられた初めての天皇であり、その自覚は先のビデオメッセージのなかでも繰り返し述べられていた。

すなわち、その思いとは、「国民に対する理解を深め、常に国民と共にある自覚」を自らの内に育てることだと明確にされており、それら一切の象徴的行為は日本国憲法第一条の記述に依拠したものであった。

さらに、自らの務めが、「いかに伝統を現代に生かし、いきいきとして社会に内在し、人々の期待に応えていくか」を考えていくことだと言うに及んで、「国民の安寧と幸せを祈る」というその行為が、同時に皇室の「伝統」にも支えられてあるという、きわめて透徹した認識がここで示されたのである。

「今日の我が国の平和と繁栄」が、「戦陣に散り戦禍に倒れた人々」によって支えられているという認識とともに、全身全霊をもって「世界の平和と我が国の一層の発展」を祈るための資格を自らに附与するもの――それが、先の大戦の戦没者の霊であり、その慰霊行為にほかならないとの認識は、憲法の条文にはどこにも記載はないものの、天皇を天皇ならしめるあの「天皇霊」の伝統に沿った霊性の次元で、今上天皇がその生涯をかけて育み、かつ守り通してきたエートスであったように、私には思えてならないのである。

政治性の否定を念押し

さらに、この「おことば」を読み解くための、ふたつめの留意点について考察する。すなわち、言い回しが周到な否定形になっている箇所である。具体的には、以下の箇所がそれに当たる。

始めにも述べましたように、憲法の下（もと）、天皇は国政に関する権能を有しません。そうした中で、このたび我が国の長い天皇の歴史を改めて振り返りつつ、これからも皇室がどのような時にも国民と共にあり、相たずさえてこの国の未来を築いていけるよう、そして象徴天皇の務めが常に途切れることなく、安定的に続いていくことをひとえに念じ、ここに私の気持ちをお話しいたしました。

「おことば」の冒頭近くでの「個人として」発言によって、天皇は自分のメッセージが政治的発言ではない旨をそこで担保していた。そして、「おことば」の終盤において、「憲法の下（もと）、天皇は国政に関する権能を有しません」と、再度、このことを念押ししているのである。尋常ならざる文章構成とはまさにこのことだ。なぜ、これほどまでに、今上天皇は自分の発言が「個人として」の思いであり、政治的なそれではないと重ねてみずから釘を刺しているのだろう。

理由はただひとつ、この一連の「おことば」が、実はその深層の発意において、ある明確な政治的意図をもった正真正銘の政治的発言に他ならないからである。天皇は、間違いなくそのことを強く自覚している。ただ、これが世間一般に政治的発言として受け止められることのないように、しかしながら、自らが企図する目標だけは必ず達成できるように、万端の狡智と配慮とをその文章の至るところに張り巡らせたのである。

「元首」と書かれた自民改憲案

最後に残る疑問は、「おことば」の中に託された今上天皇の政治的意図とは一体何だったのかということである。

それは、安倍自民党政権が目論む憲法改正にむけての具体的な審議プロセスを、中止させるか、あるいは大幅に遅らせるか、いずれにせよ改正に向けた手続きの一切を、何とか食い止めるための皇室としての影響力の発揮にあるとしか考えられない。

その理由も明白である。今上天皇は、安倍自民党政権が主導する現行憲法の改正に対して、反対の強いご意思を持っているからである。それは「おことば」のなかで何度も自らを「象徴」として位置づけていることからも窺い知れる。自民党改憲案では、天皇は明確に「元首」と書かれているのである。

2016年8月11日の日本経済新聞朝刊（14版）は、「改憲論議に影響も　生前退位　短期間で結論難しく」との見出しで、じつに以下のように記している。（傍線引用者）

だが生前退位は本来、象徴天皇制のあり方や皇位継承などを定めた憲法とも深く関わる問題だ。世論の幅広い支持を得る必要があるため、いったん着手すれば膨大な政治的エネルギーを費やすことになりかねない。

政府内には迅速に解決するため、多くの論点を抱える皇室典範の改正ではなく、今の天皇に限って生前退位を認める特例法で対応すべきとの意見もある。ただ天皇の退位後の身分の検討や皇室関係の法改正など「大がかりな作業になるのは変わらない」（政府関係者）との見方もある。

首相は7月の参院選で改憲に前向きな勢力で衆参両院の3分の2超を確保。9月召集の臨時国会から国会の憲法審査会で改憲論議を始める考えだったが、生前退位の検討が進めば、スケジュールに狂いが生じそうだ。

私は、今上天皇が安倍晋三率いる無法売国奴政権に対し、ついに自ら立ち上がった姿をそこに透視する。訥々と「おことば」を読み上げる天皇のその表情は、まことに穏やかながら、まさに闘う人の姿そのものでもあったのだ。

政治的な発言が表立ってはできない身分を十分承知のうえで、象徴天皇制の堅持、言い換えれば九条をも含めた現行憲法の堅持という自らの主張を、生前退位の問題へと変形して、広く国民に問いかける——これは、間接的にではあれ、天皇が憲法改正論議に異を唱えるための、現在取りうるぎりぎりの非政治的＝政治行動だったに違いないのである。

反知性主義クーデターに抗する存在について
——今上天皇と〈象徴存在〉

7月13日「NHKニュース7」の衝撃

2016年7月13日にNHKが午後7時のニュース（NHKニュース7）でスクープした天皇の「生前退位の意向」について、そのニュースを聞いた瞬間、私をさまざまな疑問が襲った。例えばそれは、これほどの重大ニュースがなぜ公式発表ではなく、スクープというイレギュラーなかたちで流されたのか。また、スクープしたメディアが読売や産経や文春ではなくなぜNHKだったのか。さらに、宮内庁が報道されたような事実はないと公式見解で否定しているのは何故か。同時に、安倍官邸はこのことにどこまで深く関わっているのか、いないのか。そもそも7月10日の参院選直後のこの時期に「生前退位」のことが報じられた意図はどこにあるのか。そして本当にこれが天皇ご自身のお気持ちなのか、それとも政権による国民世論の操作を目的とした仕掛けなのか――と、ざっとこのような疑問が頭のなかで嵐のように湧き起ったのである。

「お気持ち」表明に至る経緯

本稿を執筆している9月18日現在での情報環境は、当然、7月の時と比べ格段に良くなっている。その間、8月8日には天皇ご自身によるビデオメッセージ（「象徴としてのお務めについての天皇陛下のおことば」。以下、「おことば」と表記）が公開され、それに関連して各新聞や雑誌がそれぞれの取材網を通した意欲的な特集を組むなど、今回の事件に関する情報量は飛躍的に増大している。なかでも毎日新聞（２０１６年9月7日付朝刊）の「検証」は、「おことば」の公開に至った一連の経過をいくつもの取材情報に裏付けられた要約記事としてまとめたものだが、きわめて注目すべき内容を伝えている。

それによると、２０１５年12月18日、82歳の誕生日に合わせた記者会見で、天皇はその年の戦没者追悼式で、手順を間違えたことに言及。それを受けるかたちで、宮内庁は官邸に「陛下は退位の思いを強くされた。おことばを言いたいという強い思いがある」と伝達したという。

一方、官邸側はその報告を受け、杉田内閣官房副長官を中心に数名からなる対策チームを結成し、極秘の内にこの問題への対応の検討に入った。そして２０１６年の春頃に、対策チームとして出した結論を宮内庁側に回答した。その内容は「退位ではなく摂政で対応すべき」というものだった。この回答を出したことで、官邸側はこの問題はひとまず決着したと思い込み、安心していた節がある。その結果が、寝耳に水の7月13日のスクープになったというのが、どうも真相らしい。

これら一連の経緯が指示している事実は、およそ次のように総括できるだろう。まず、天皇から出された「生前退位」の意向を官邸が認めなかったため、放送メディアによるスクープという通常では考えられない、異例中の異例といってよいかたちでの「お気持ち」の表明につながった。つまり、歴史に残る大失態を演じたのは、まぎれもなく官邸中枢つまり安倍晋三とその周辺なのだということを、これらの事実は伝えている。

スクープか、リークか

上記のことを事実関係の骨格にすえて考えると、ＮＨＫのニュースを聞いた当初、私を襲ったさまざまな疑問に対して、それぞれ納得のいく答えの輪郭が見えてくる。

まず、スクープという発表形式を採らざるを得なかったのは、天皇ご自身の「生前退位」の気持ちがそれだけ強かったことに加え、官邸側がそれを握り潰したため、天皇陛下みずからが国民にむけて「お気持ち」を直接語りかけるという禁じ手を使わざるを得なくなったのである。つまり、これは歴史に残る前代未聞の大事件なのだ。陛下ご自身と官邸中枢との全面的な対立関係が、ここで露わになってしまったからである。

スクープしたメディアがNHKだった理由は、報道局社会部の「H記者」(橋口和人・宮内庁キャップ、社会部副部長)の存在の大きかったことが報じられている。秋篠宮をはじめ皇室の信頼が篤いとされる同記者が、自らのスクープ情報を局に持ち込んだというストーリーは分かりやすいが、しかし、別のソースによると今年の5月頃から宮内庁の最高幹部らが定期的に会合(宮内庁長官と同次長、侍従長と同侍従次長の四人にOB一人を加えた構成から「4プラス1会合」と呼ばれる)をもって、天皇陛下の生前退位について検討を重ねていたという。(毎日新聞7月14日付夕刊)これが事実だとすれば、NHKのニュースは実は橋口記者単独のスクープなどではなく、天皇の生前退位の意向を広く国民に知らしめたい宮内庁幹部らが、それを憲法第四条に抵触しないかたちで実行に移すため、NHKの橋口記者を使って情報をリークした一大プロジェクトだったという結論になる。自らのリーク情報であるからこそ、宮内庁は報道事実を公式には強く否定する必要があったのだ。

従って、官邸中枢はこのニュースが流れることを事前に掌握していなかった可能性がある。あるいは直前に察知していたかもしれないが、中止させることまではできなかったと考えるのが自然である。いまや政権の広報機関と化したＮＨＫだが、官邸の意向よりも相対的に強い力が、このときＮＨＫに働いたと考えるしかない。勿論その力の中心にあったのは、天皇陛下ご自身の強いお気持ち以外にはないだろう。だが、実際に動いた人間は別にいたのである。つまりこれは、陛下の強いお気持ちを受けた宮内庁の幹部とＮＨＫ内の一部の人間が仕掛けた、周到な情報戦だったという可能性が極めて高い。

いずれにしろ、「事柄の性格上、コメントは差し控えたい」（7月14日、安倍晋三首相）、あるいは「政府としてコメントすることは控えたい」（同、菅義偉官房長官）といった政府首脳らの言葉は、そのうろたえぶりを伝えるもの以外ではないと、ここで分かるのである。

なぜ「7月13日」だったのか

しかし、まだ分からないことがひとつある。そもそもこのニュースが、何故7月10日の参院選直後の7月13日に流されたのかという時勢の問題である。官邸側については天皇の生前退位の意向を、「参院選後のいずれかのタイミングで宮内庁側が退位に関して何らかの表明をした後、検討を具体化する方針だった」（毎日新聞7月14日付朝刊）とする報道がある一方で、「宮内庁は参院選後の今年9月ごろを軸に、陛下のご意向を公表する方向で調整を進めていた」（時事通信、7月14

日17：43）との報道もあり、政府部内においてこれら一連のことをいずれ時機をみて公表することは合意済の既定路線に過ぎなかったことが窺える。従って、そうした既定路線を反古にするかたちの7月13日のニュース発表には、明らかに何者かのポジティブな意図が働いていたと見なければならない。一体それは何を目論んだもので、また、その本当の主体は誰なのか。

すでに周知のように、7月の参院選は改憲勢力が参議院の3分の2以上の議席を占める結果に終わった。世間的には、いよいよこれで安倍自民が唱える憲法改正の動きが現実の日程に上ってくると誰もが感じたであろうし、また各報道機関の主要な論調もその線に沿って組み立てられていた。こうした時に、天皇の生前退位のニュースを唐突に流すことには、果たしてどのような効果が見込まれるだろうか。

まず、何が起こったのか分からないという衝撃が日本全国に走るだろう。そして、次の瞬間には私などと同様に、さまざまな疑問や関心が人々のあいだに喚起されるだろう。つまり「天皇の生前退位」にまつわる一連の問題に、国民の注意を惹きつけると共に、この問題を考えるきっかけまで提供するという、絶大な効果がこのニュース発表にあったことは間違いない。その結果、もっとも損をするのは誰なのか。いうまでもなく、それは憲法改正の議論を本格化させようとしている安倍政権だ。なぜなら、生前退位の問題に正面から取り組もうとすれば、皇室典範の改正やそれに伴う女性天皇さらには女性宮家の問題などを避けて通ることができず、その結果、憲法改正の具体的日程は大幅に狂って先送りされることが容易に予想されたからである。

ここからひとつの仮説が導かれる。7月13日のニュース発表は、現政権の憲法改正にむけた政治日程を妨害もしくは攪乱するために、誰かが大がかりに仕組んだものだという仮説である。一部報道によると、天皇陛下の生前退位のご意向は、陛下ご自身が「数年前から」（時事通信、7月14日20：39）周辺に話されていたことだった。つまり、今に始まったことではなかった。また、そのお気持ちの表明や政府対応の具体策も、漠然とではあるが近い将来に公表される予定だった。だから、7月13日のスクープ報道そのものは、まさに本格始動がみえてきた憲法改正論議の妨害と攪乱にむけ、最大の効果を狙った裏面工作として、きわめて戦術的に選択されたものである蓋然性が高いのである。

7月13日のＮＨＫニュースの背景をこのように理解すると、今回の出来事の中心はまさに天皇陛下ご自身の強いお気持ちであり、そこを震源にして宮内庁幹部やＮＨＫ記者など有意の周辺が共鳴するように連携して動いた、そんな図式が見えてくる。秋の臨時国会や憲法審査会での議論を睨んだ政権側の、これが世論誘導のための仕掛けであった可能性はここで完全になくなる。また、陰で動いた主体が誰であるのかは、いままで見てきたところから容易に想像がつく。だが、それを詮索したところで、本質的にはさほど意味がない。ここで言えるのは、宮内庁とＮＨＫを巻き込むある種の意思を共有した人的ネットワークが、天皇のお気持ちといういわば〝錦の御旗〟を自分たちの秘めた旗印とすることによって、安倍官邸とのあいだの微妙な力関係のもとに、裏側から決然と戦いを仕掛けたのではないかということだけである。

そして、私たちは、その肝心要の天皇陛下ご自身のお気持ちの内実を、8月8日のビデオメッセージのなかに直接に、しかも具体的に知ることになるのである。

〈8・8ビデオメッセージ〉の思想的意味

私は、天皇陛下がビデオメッセージで語った事実とその内容とが、明らかに今この国で進行している反知性主義クーデター、具体的には安倍政権が進める憲法改正の動きに代表されるような一連の策動に対して、明確に反対の立場を表明したものだと考える。憲法第四条で天皇の政治への関与が禁止されていることから、非政治的な〝個人としての気持ちの表明〟という形をとらざるを得なかったものの、明らかにはっきりとした政治的意図がそこには働いていたと思うのである。そして、特に右派の論者のなかにはそのことに気付いている者もすでにいるようだ。だが、天皇の言葉に籠められたより深い思想的意味にまで想到している者が、果たして何人いるだろうか？

絶対に招いてはならない事態

「天皇陛下の生前退位に関し、宮内庁が何らかの方法で陛下の意向を公表するため、水面下の検討を続けていることが14日、関係者への取材で分かった。陛下自身が内外にお気持ちを直接伝えられることも検討されているという。」（時事通信、7月14日20：39）

NHKの衝撃的なニュースが流れた翌日には、すでにこのように「陛下の意向」の公表が具体的に検討されていたとの報道がなされている。この手際の良さは、7月13日のNHKニュースが8月8日の「おことば」公表を実現させるための前哨戦だった可能性を示唆するものだ。つまり、天皇ご自身によるお気持ちの直接の表明こそが、これら一連の動きの当面の山場、つまりはプロジェクト目標だったことが窺える。

「象徴としてのお務めについての天皇陛下『おことば』」は、2016年8月8日にビデオメッセージのかたちで公表された。すでにさまざまな角度から言及されている「おことば」だが、本論のテーマである〝天皇＝象徴存在論〟の見地からも、これはきわめて重要な論点が随所にちりばめられた特異なテキストだと言える。そこに書かれてある字義通りの意味を超えて、そこに籠められたであろう思想的意味が奈辺にあるのかを、ここでは究明したい。

実際に公表された「おことば」には、天皇ご自身の「生前退位」についての直接の言及はない。無論、そのことを暗に匂わせるような箇所もあるにはあるが、むしろその言葉の端々に現われているのは、自身の「象徴」としての務めに対する強い思いと、「摂政」制度への驚くほど断固とした忌避の感情とである。たしかに、自身の高齢化による将来の健康不安から、天皇位をはやい時期に皇太子へ引き継ぎたいと言っているように受け取れる箇所はある。それは次の部分である。

　天皇の高齢化に伴う対処の仕方が、国事行為や、その象徴としての行為を限りなく縮小していくことには、無理があろうと思われます。また、天皇が未成年であったり、重病などによりその機能を果たし得なくなった場合には、天皇の行為を代行する摂政を置くことも考えられます。しかし、この場合も、天皇が十分にその立場に求められる務めを果たせぬまま、生涯の終わりに至るまで天皇であり続けることに変わりはありません。

だが、この文脈も「生前退位」を最終の着地点においているわけでは決してなく、自身が天皇でありながら「象徴」としての務めを果たせないような事態だけは絶対に招いてはならない、ということを言っているのである。つまり、国事行為や公的行為ならば「摂政」を立てて、しかるべき皇族の誰かに代行してもらうことは可能だとしても、「象徴」としての務めだけは「摂政」では果たせないと言っているに等しいのだ。だから、「生前退位」はあくまでそうした事態を避けるための次善の策なのであって、「生前退位」を認める制度設計じたいが問題とされているわけではないのである。

みずから語った「象徴天皇制」

ここはそれほど目立たないが、実は、私たちにまだ知られていないある極めて重要な論点を提供している箇所なのだ。その重要な論点とは、日本国憲法に定められた所謂「象徴天皇制」と決定的に深く関わるものである。そして天皇の今回の「おことば」が画期的なのは、「象徴天皇制」というものの思想的な核心について、歴史上はじめて、「象徴」たる天皇その人がみずから言葉にして語ったものだからである。過去にこうした例はまったくない。それが述べられているのは、次の箇所である。

私が天皇の位についてから、ほぼ二十八年、この間《かん》私は、我が国における多くの喜びの時、また悲しみの時を、人々と共に過ごして来ました。私はこれまで天皇の務めとして、何よりもまず国民の安寧と幸せを祈ることを大切に考えて来ましたが、同時に事にあたっては、時として人々の傍らに立ち、その声に耳を傾け、思いに寄り添うことも大切なことと考えて来ました。天皇が象徴であると共に、国民統合の象徴としての役割を果たすためには、天皇が国民に、天皇という象徴の立場への理解を求めると共に、天皇もまた、自らのありように深く心し、国民に対する理解を深め、常に国民と共にある自覚を自らの内に育てる必要を感じて来ました。

今上天皇は、ここで自らの「国民統合の象徴としての役割」の内実が、「国民の安寧と幸せを祈ること」に加えて、「時として人々の傍らに立ち、その声に耳を傾け、思いに寄り添うこと」だとの注目すべき考えを披瀝している。後者に関しては、国内で発生した大災害の被災地をいくつも訪問し、避難した人々を行く先々で見舞い、皇后ともども床に膝をついてねぎらいの言葉をかける姿が報じられて、私たちにもすでに馴染み深いものになっている。だが前者の「国民の安寧と幸せを祈ること」については、必ずしもその実体の詳細が分明ではない。

ひとつには、皇居内にある宮中三殿（賢所、皇霊殿、神殿）において、年間をつうじて行われる宮中祭祀を指しているとも考えられる。私たちにも名前だけはよく知られている神嘗祭や新嘗祭の他にも、宮内庁ホームページによると、一月三日の「元始祭」の説明が「年始に当たって皇位の大本と由来とを祝し、国家国民の繁栄を三殿で祈られる祭典」であり、また六月と十二月の「大祓」の説明が「神嘉殿の前で、皇族をはじめ国民のために行われるお祓いの行事」となっている。また、毎年、年が明けた一月一日の早朝に執り行われる「四方拝」は、公式には「早朝に天皇陛下が神嘉殿南庭で伊勢の神宮、山陵および四方の神々をご遙拝になる年中最初の行事」とされているが、その本義は国民国家の安泰を祈ることだとされる。これなどは天皇だけに許された重要な祭祀で、古来より秘儀とされ詳細は不明ながら、代理を立てることが許されないものだという。

上記のことなどから、これら一連の事柄を指して、天皇は「国民の安寧と幸せを祈ること」と話されたものだと解釈できないこともない。だが、本当にそうなのか。

摂政では果たせない「象徴天皇の務め」

この問題を考えるうえで、天皇の行為類型についての基本原則をここで押さえておくことは重要である。天皇の行為類型としては、まず憲法に明文化されている「国事行為」があるが、その他に明文化されていない「公的行為」及び、それ以外の「私的行為（その他の行為）」と、大きく三つに類別することができる。こうした前提のもとに、先の「おことば」に現われた「象徴天皇の務め」が、これら三類型のどれを指すのかを考えた場合、恐らくそれは「私的行為（その他の行為）」に当たる宮廷祭祀全般を指しているのに加え、概念としては「公的行為」の一部にも間違いなくその範囲を拡大したうえで用いられている、というのが私の考えだ。というのは、今上天皇の実際の行状のなかに、うまくこの三類型に収まりきらない行為がはっきり認められるからである。

天皇はそれをご自身で「象徴的行為」と呼んでいる。（平成24年［２０１２年］の天皇誕生日の記者会見）ただ、このとき例としてあげられたのは全国植樹祭や日本学士院授賞式であり、自分が病気などの折には皇太子等による代行ができるものとされていた。「国事行為」以外の天皇の「公的行為」については、学説上、それを認めるものとそうでないものが混在しているように、いまだ両義的な解釈の余地がきわめて大きな部分である。

一方で、毎年、8月15日に開催の全国戦没者追悼式のような、政府主催の行事に天皇皇后両陛下が臨席するスタイルはすでに定着しており、式典の趣旨が先の大戦の軍人軍属及び民間人の全戦没者を追悼することにある以上、これを天皇の「私的行為（その他の行為）」と位置づけることにはやはり無理があろう。従って、天皇の「私的行為（その他の行為）」の内できわめて公共的な性格の強いものを指し、これを「象徴的行為」と定義することは、語義上の一致と現実関係の一致とが共に担保される至当な表現だと思われる。ただ、この場合でも、体調不良等で天皇の臨席が困難になった場合には、先の天皇の言葉にもあるように、皇太子による代行の可能性は排除されていないと理解してよいだろう。

このように考えてくると、8月8日にビデオメッセージで公表された天皇の「おことば」における「象徴天皇の務め」が発信する内容と、ここで確認した「象徴的行為」の定義とは、互いに矛盾してしまうのだ。平成24年の誕生日に天皇がみずから触れた「象徴的行為」とは、これまで「公的行為」と呼ばれていたものとまったく同じではないにしても、かなりの部分が重なり合う概念であると解釈でき、それは皇太子による代役も可能だとされていた。だが、8月8日のビデオメッセージが伝える「象徴天皇の務め」については、「摂政」を設けることで自分はそれを果たし得ない、つまり代役では駄目なのだと天皇ご自身が語っているのである。このことから、私たちは、「象徴天皇の務め」が、天皇の数ある「象徴的行為」のなかでも、他の者には、たとえ血の繋がった親族であっても、それを代行することができない極めて特別な「務め」であると、再認識しないわけにはいかないのだ。

天皇はこのビデオメッセージのなかで「象徴」という言葉を繰り返し使い、みずからの思いを国民にむけて必死に訴えかけていた。文面から確かな感触として読み取れるのは、天皇が使う「象徴」という言葉じたいの審級が、このビデオメッセージのなかで過去に例がないほど、格段に高められている姿である。それがこのビデオメッセージの持つ最大の思想的意味だと考えていいだろう。

ではその内実は、具体的に何を指して言われているのだろうか。

〈象徴〉から〈象徴存在〉へ

「忘れてはならない四つの日」

昭和56年（1981年）8月7日の記者会見で、まだ皇太子だった今上天皇は「日本人として忘れてはならない四つの日がある」として、広島原爆の日（8月6日）、長崎原爆の日（8月9日）、沖縄戦終結の日（6月23日）、終戦記念日（8月15日）の四つをあげていた。このことは、今上天皇のメンタリティのありかを推し量るうえで、じつに多くのことを物語っている。最後の「終戦記念日」を除けば、他の三つは場所や地域をじっさいに特定できる具体的な戦禍を指しており、戦闘に勝ったか負けたかという軍略的観点の入り込みようがない、ひたすら民間人の犠牲の膨大さばかりが真っ先に喚起されてくる、歴史的現実でありながら象徴的現実でもある表象にほかならない。そして、軍民を問わず、戦争に起因する日本人三百二十万人の犠牲の象徴として、「終戦記念日」は私たちの背後に重くそそり立つのである。

今上天皇は、これらの日にあっては、その「慰霊」のために終日、慎まれるのが通例だという。天皇のこの行為が、政府主催の全国戦没者追悼式への参席などと根本的に意味が異なるのは、これが公的行事として官僚などが予定したものではなく、天皇ご自身の内心に発するところの純粋な象徴的行為であることだ。「日本人として忘れてはならない四つの日」に対するこのような姿勢は、今回の「おことば」のなかで「象徴天皇の務め」とされた行為の、原初のモチベーションのありかを物語っていると私には思えるのである。

「先の戦争で亡くなったすべての人々」

実は同様の行為は、他にもすでに実行されてきた。以下、宮内庁ホームページ（http://www.kunaicho.go.jp/activity/activity/01/activity01.html）より該当箇所をピックアップすると、例えば「両陛下は、戦後50年に先立つ平成6年（１９９４年）には、硫黄島・父島・母島へ、また、戦後50年に当たる平成7年（１９９５年）には、長崎・広島・沖縄・東京（東京都慰霊堂）へ、それぞれ、慰霊のために赴かれました。」（国事行為などのご公務「行幸啓」より）とある。あるいは、「両陛下は、戦後60年にあたる平成17年（２００５年）には、アメリカ合衆国自治領北マリアナ諸島サイパン島へ、戦後70年にあたる平成27年（２０１５年）には、パラオへ、それぞれ、慰霊のために赴かれました。」（同「外国ご訪問」より）とあるのである。

これらの行為は、政府や内閣の意向とはまったく無関係に、内外の戦地や戦場で非業の死をとげた戦没者たちへの慰霊を目的にした、天皇ご自身の強い発意があってはじめて実現の運びをみたものだった。こうした行為を、公的行為か私的行為かなどと詮索すること自体、まったく意味がないと私には映る。重要なのは、国内外の特に戦災被害の酷《ひど》かった都市や島、あるいは玉砕が相次いだ南方の激戦地などへみずから出向いていって、そこで亡くなったすべての犠牲者の霊に対する弔いの行為を、日本国の象徴存在としてはじめて実行したというその事実なのだ。

パラオ訪問時の今上天皇の「おことば」は、特に注目すべき内容になっている。日本とパラオ

「西太平洋戦没者の碑」に供花、拝礼される天皇、皇后両陛下＝平成27年４月９日、パラオ・ペリリュー島（写真提供：共同通信社）

との友好の歴史に触れた後で、こう述べられている。

しかしながら、先の戦争においては、貴国を含むこの地域において日米の熾烈な戦闘が行われ、多くの人命が失われました。日本軍は貴国民に、安全な場所への疎開を勧める等、貴国民の安全に配慮したと言われておりますが、空襲や食糧難、疫病による犠牲者が生じたのは痛ましいことでした。ここパラオの地において、私どもは先の戦争で亡くなったすべての人々を追悼し、その遺族の歩んできた苦難の道をしのびたいと思います。

（平成27年4月8日「パラオ国主催晩餐会における天皇陛下のご答辞」より、傍線引用者）

引用傍線部には、追悼の対象が「先の戦争で亡くなったすべての人々」だと明確に述べられていることに注目しなければならない。この文脈でいくと、「すべての人々」とは日本人の軍人・軍属と民間人のすべて、それにパラオ人の島の住民のすべて、そして恐らくは敵国だった米軍兵士のすべてに至るまでがそこに含まれることになる。つまり、今上天皇は遥か南洋の島国パラオ共和国の現地にまで出向いていき、当事の敵国兵士をも含めたこれら戦争犠牲者すべての霊を、こうして慰霊追悼したのである。戦争という悲劇はここでその歴史上の現実性を脱色されて普遍化し、同時にその犠牲者の存在性格も普遍化されて、誰彼の区別なく平等に扱われていることが窺える。今上天皇にこのような他に類例をみない追悼儀礼を可能ならしめている機制（仕組み）とは、いったい何なのか。

普遍的慰霊という行為

この問いに十全に答えることは、ビデオメッセージの「おことば」のなかで、「摂政」では代行することができない「象徴の務め」の実施者たる資格を、天皇だけに供与している機制とは何かについて答えることと決して別ではない。問いの構造がそうなっているからである。それは天皇を天皇たらしめている絶対的な資格づけに関係している問いであって、現実的な理由からではなく幻想的な理由からしか説明できないことなのだ。

それは天皇にだけ関係する特殊な霊性の観念に根ざす何かであるとしか考えようがない。観念の世界で霊（魂）とはまぎれもない実体であり、今上天皇が戦争の犠牲者（戦没者）をいわば普遍的に慰霊することができるのは、何者かからその資質の源泉を受け継いでいるからだと考える他はない。

ひとつには「象徴」としての生き方を天皇ご自身が真剣に模索されてきたという、これまでの人生時間の蓄積がそこにはある。その結果、人間でありながら「象徴」でもあるという、実体を持たぬ存在としての、常人にはあり得ない生き方を自らに課してきた。天皇にしかできない、つまり「摂政」では代行できない理由の本質は、まさにこの点に存する。自身は「象徴」であり実体を有しないため、逆にその存在は普遍に向かって常に開放されているという存在様態こそが、まさに象徴天皇という在り方の元型をなしていると考えるべきではないのだろうか。言い換えれば、今上天皇はそうした生き方を貫かれることで、単なる〈象徴〉ではない〈象徴存在〉へと自らを動機づけてきたとは言えないだろうか。

昭和3年に折口信夫は「大嘗祭の本義」を著わし、天皇の威力の根源は「天皇霊」という外来の魂にあるのだと論じた。折口は古代人のこうした霊魂観から敷衍して、天皇が代替わりする際に執り行われる大嘗祭の意義を、新たに天皇位を継ぐ者の身体にこの「天皇霊」が入りこむという復活再生の観念の、儀式的表現だと論じたのである。有名な「真床襲衾（マドコオフスマ）」の秘儀の話も、ここを起点として導かれていた。

折口のこの説はその多くを折口自身の独創的発想に負っており、記紀をはじめとする文献的根拠が希薄なことから、その後、多くの研究者によってその妥当性を否定され、現在に至っている。しかしながら、折口の功績は、近代天皇制が確立された後においてもなお連綿と続いている天皇祭祀の本源的意味を、みずから発見した「天皇霊」の思想として取り出し、記述したことにあるのだ。

いま、〈象徴存在〉としての今上天皇を思想の言葉で語るとすれば、「象徴の務め」を果たすのにどうしても必要な資質の源泉を、実体のよく分からない「天皇霊」のうえに置くことは到底できない。それよりも、これまで自らが普遍的な慰霊対象としてきた、あの「先の戦争で亡くなったすべての人々」の生存記憶として集合的に観念されるもの――その全体イメージを自身の内部にその都度呼び起こすことで、普遍的に慰霊しうる者としての象徴性を回帰的に得ているという解釈が最も相応しいと私には思われる。なぜなら、戦没者の霊とはいつの場合も実体を有する霊性に他ならないからである。

〈象徴〉が〈象徴存在〉へと変成する本源の原理がまさにここにある。無論、血統の連続性こそが、皇位継承の絶対条件として打ち建てられてきたのも伝統的な事実である。だがそれは必要な条件ではあっても、世界戦争後のわが国において象徴天皇たろうとする資質を具備するうえでの十分な条件ではなかった。そこには、さらにもうひとつプラスアルファの幻想上の根拠づけが絶対に必要だったのである。もとより「私」がないとされてきた天皇が、初めて「個人として」語ったその意図は、こうしたことを私たちに伝えるためではなかったのだろうか。

〈象徴存在〉の源泉（＝日本国憲法）を殺すもの

現在、反知性主義クーデターを推進している安倍晋三とその一派は、天皇という存在をこれまで通りの国事行為と公的行為の枠内に押し込め、国民統合の象徴として政治的に動いてもらう必要が生じればこれを担ぎ出し、それ以外のときは皇居内でおとなしくしていてもらうのが最も都合がよいと考えている節がある。従って、国事行為とも公的行為とも異なる天皇ご自身の発意による一連の象徴的行為は、政府としてもコントロールできない極めて不都合なものだったに違いない。しかし、今上天皇は自らが象徴天皇である所以を、ご自身の人生を通しまさにその点に見出されていたのである。

〈象徴存在〉としての天皇は、実は、存在すること自体が反知性主義クーデターへの抵抗なのだ。そして、今上天皇へこの揺るぎない信念を賦与している根拠法典こそ、現行の日本国憲法なのである。日本国憲法が戦争の膨大な犠牲のうえに立って成立した経過と、今上天皇が自らを〈象徴存在〉として律してきた事実とは、時空を超越して密接に深く関わっている。

日本国憲法に記載の特に「前文」と「第九条」に具現された思想の精髄が、〈象徴存在〉たる今上天皇のもとに身体化されていることはもはや明白であろう。現行憲法の改正で「前文」及び「九条」を削除（改変）すれば、それは今上天皇を〈象徴存在〉たらしめている源泉そのものを殺すことになるのだ。

日本国憲法と〈象徴存在〉

〈象徴界〉と日本国憲法

象徴界、想像界、現実界という三つの界層は、私たちのフィジカルとメタフィジカルな全体世界を包括するものである。これら三つの界層はばらばらに独立してあるのではなく、相互に反照しあっている。現実界のなかには想像界の、また想像界のなかには象徴界の反照が、それぞれの明るみの強度をもって遍在していると考えてよい。しかし、想像界および現実界とは根本的に違って、象徴界そのものを観察対象にすることはできないとされてきた。それはきわめて原理的な理由からである。

象徴界は他のふたつの界層のように意識作用のおよばない領分、すなわち無意識の領分にふかく根差すものだとされてきたからである。ただ、それは見えないだけであって、その実在性にはいささかの疑いもない。象徴界は、現に、私たちのあいだに隠れた共同性を組成させる根源の力である。これを、普段はまったく意識されない、集合的な意思の背景野だと言ってもよい。

しかし、現実界と想像界の結合部分に大きな亀裂が走る破滅的事象が生じた時などに、視界を覆っていたさまざまな装飾物が一気に崩れ落ちて、そこに象徴界の原質が生々しく露出するという事態は大いにあり得るし、また過去にも実際そういうことはあった。象徴界が無意識を支配下におく以上、これを意識的に変容させることは不可能である。よって超=文学のコンテクストにこのことを置き換えるなら、国家や社会の共同性を担っている根本事象に、象徴界はもっとも色濃くその反照を投げかけていると考えることができる。

例えば日本国憲法前文は、憲法本文に対してその制定の意義と理念とを先行して述べる文字通りの「前文」だが、それ以上に、一九四五年を境に劇的に変容をきたしたこの国の象徴界が、日本語の文字テキストとなってその生々しい素顔を一瞬覗かせた、非常に稀有な言語表現体なのである。

日本国民は、正当に選挙された国会における代表者を通じて行動し、われらとわれらの子孫のために、諸国民との協和による成果と、わが国全土にわたつて自由のもたらす恵沢を確保し、政府の行為によつて再び戦争の惨禍が起ることのないやうにすることを決意し、ここに主権が国民に存することを宣言し、この憲法を確定する。そもそも国政は、国民の厳粛な信託によるものであつて、その権威は国民に由来し、その権力は国民の代表者がこれを行使し、その福利は国民がこれを享受する。これは人類普遍の原理であり、この憲法は、かかる原理に基くものである。われらは、これに反する一切の憲法、法令及び詔勅を排除する。

憲法が国家の最高法規だという事実は、法体系上にそれより上位の審級が存在しないことを意味する。さらに、その憲法本文に先立って存在している「前文」は、この憲法が依拠する「人類普遍の原理」にまで触れていることから、いわば〝憲法の無意識〟つまりは憲法そのものの存立根拠をまさしく明示していると言っていい。国家が共同幻想の産物であり、その範疇でのみ、あらゆる法規範や法秩序が機能しているという前提に立てば、共同幻想が拠って立つ基盤〈象徴界〉を言語的に分節し階層化することによって、それを記述したものがこの「前文」であるということになる。

記述の指示表出面に重きをおいて読めば、そこからは、戦争放棄、国民主権、代議制民主主義といった重要な〈意味〉を汲み取ることが可能である。一方、自己表出面に重きをおいて読めば、自由の保障、福利の享受、そして何より普遍的理念による赦しの感情といった多様な〈価値〉を、そこから一律に受け取ることができるのである。それは次のような条文からも読み取れる。

日本国民は、恒久の平和を念願し、人間相互の関係を支配する崇高な理想を深く自覚するのであつて、平和を愛する諸国民の公正と信義に信頼して、われらの安全と生存を保持しようと決意した。われらは、平和を維持し、専制と隷従、圧迫と偏狭を地上から永遠に除去しようと努めてゐる国際社会において、名誉ある地位を占めたいと思ふ。われらは、全世界の国民が、ひとしく恐怖と欠乏から免かれ、平和のうちに生存する権利を有することを確認する。

わけても憲法前文が、このように「平和」について何度もくり返し言及していることは、何にも増して象徴的である。条文のどこにも書かれてはいないが、「平和」という言葉の裏側には戦争の惨禍の記憶が濃密に沈殿していることを、これらの前文は暗示するものだ。すなわち、第二次大戦における膨大な数の戦没者の存在こそが、この憲法前文を実体ある言語表現体として押し上げているのである。

空疎な政治的宣言と違って、最高法規たる憲法の文言であればこそ、そこに無意識の規範たる象徴界が伴われない限り、言葉はオーソライズの契機を永久に失う。その場合、言葉そのものの権威がはたして何処からもたらされるのかは、非常に重要な問題である。「平和」条項とも呼ばれる「第九条」をめぐって、この問題はさらに多くの論点を引き寄せている。『憲法の無意識』（岩波新書）のなかで柄谷行人は、「憲法九条は、日本人の集団的な超自我」であり「文化」であるとの観点にたち、フロイトを参照枠としながら次のように述べている。

フロイトは第一次大戦後に戦争神経症患者に遭遇して、人間の攻撃性が、自らの内に向かうことによって形成される超自我の存在に目を向けるようになった、と私は述べました。このことに照らして、私は日本の戦後憲法九条を、一種の「超自我」として見るべきだと考えます。このこつまり、「意識」ではなく「無意識」の問題として。さらにいえば、「文化」の問題として。それは、九条が意識的な反省によって成立するものではないことを意味します。

（I 憲法の意識から無意識へ）

憲法制定の実際のプロセスは、百パーセント現実界における出来事から成っており、特に「九条」を巡っては、それがGHQによる「押しつけ」なのか、あるいは日本政府からの自発的提案なのか、いまだ議論が分かれている。だが私は、現実界でのこうした時系列的な事実関係の仔細について、いくらそこを掘り返しても、「第九条」の持つ象徴的価値の源泉を探りだすことはできないと考える。

柄谷が、「第九条」の本質をフロイトのいう「無意識の罪悪感」のうちに見出していることは、この場合、確かにひとつのヒントになるだろう。彼は、多くの日本人の意識において、「憲法九条が強制されたものだということと、日本人がそれを自主的に受け入れたこと」が「矛盾しない」（19頁）のは何故なのかと問うている。そして、無条件降伏（総敗北）という攻撃欲動の外部からの強制的な断念により、これまで外に向かった欲動が内に向かうことになったまさにその結果として、〝もう二度と戦争はしない〟という、攻撃欲動と同じくらい強固な「倫理性」を生み出すに至ったのだと述べる。そして、この「倫理性」の根源にあるメンタリティが、多くの日本人の心に宿る戦争への「無意識の罪悪感」だとするのである。

第二次大戦は史上二度目の世界戦争であった以上に、わが国にとっては初めて経験する国を挙げての総力戦でもあった。それは社会の全領域において、戦時体制が普遍化する前代未聞の事態をもたらした。それが総体的に敗北を喫したことで、戦後憲法が手にすることになる「倫理性」もまた必然的に普遍化の途を辿ったのである。

〈声〉が生みだす〈象徴存在〉

あたかも象徴界からの〈声〉が直接に想像界へ届けられるような、驚くべき事態がこの国に発生したのは記憶に新しい。二〇一六年八月八日に公表された今上天皇のビデオメッセージによる「おことば」のことである。厳密に言うなら、〈声〉が直接に届けられたという表現は精確ではない。なぜなら、インタビューや記者会見のような天皇自身の瞬間ごとの発話を繋いだ言（パロール）の連鎖と違って、公表された「おことば」は、まず文字として書かれた原テキストが先に存在し、その内容を天皇が読み上げるという形態を取ったことに加え、さらにその音声画像を録画したうえでそれを電波に乗せ放映した手の込んだものだったからである。唯一ここで本質的だと思われるのは、天皇の実際の〈声〉が、電波メディアを通して私たちの耳にまで届いたという、まさにその事実なのだ。〈声〉はこのように語っていた。

即位以来、私は国事行為を行うと共に、日本国憲法下で象徴と位置づけられた天皇の望ましい在り方を、日々模索しつつ過ごして来ました。伝統の継承者として、これを守り続ける責任に深く思いを致し、更に日々新たになる日本と世界の中にあって、日本の皇室が、いかに伝統を現代に生かし、いきいきとして社会に内在し、人々の期待に応えていくかを考えつつ、今日に至っています。

そのような中、何年か前のことになりますが、二度の外科手術を受け、加えて高齢による体力の低下を覚えるようになった頃から、これから先、従来のように重い務めを果たすことが困難になった場合、どのように身を処していくことが、国にとり、国民にとり、また、私のあとを歩む皇族にとり良いことであるかにつき、考えるようになりました。既に八十を越え、幸いに健康であるとは申せ、次第に進む身体の衰えを考慮する時、これまでのように、全身全霊をもって象徴の務めを果たしていくことが、難しくなるのではないかと案じています。

（今上天皇の「おことば」部分）

ここに引用した文字テキストは、ビデオメッセージが流れたあとになってから公開されたものである。従って、ここに〈声〉は内在していない。個々の発話内容それ自体は、意味が曖昧な箇所もなく、きわめて平明な会話体の文章になっている。だが、実はこの文字テキストには決定的とも言える大きな欠落が二重に認められるのである。ひとつには、テキスト全体が換喩表現で覆《おお》われているため、発話の動機や欲求の所在が明示されず隠されていること。ふたつには、おなじ理由で、本質的にそこで誰が語っているのか特定できないことである。この種の文字テキストは、言い換えれば〝沈黙のテキスト〟と呼ぶに相応しい。ジャック・ラカンの次の言葉は、私たちにまさにそのことを告げるものだ。

私が記号表現の主体として占める場所は、私が記号内容の主体として占める場所に照らして、中心を同じくする性質をもっているか、それとも中心を異にする性質をもっているか、そこが問題です。／私は私がそうであるものに合致したやり方で私について語っているかどうかを知ることが問題なのではなく、私が私について語るとき、私は私がそれについて語っているその人間と同じものであるかどうかを知ることが問題なのです。
（ラカン「無意識における文字の審級、あるいはフロイト以後の理性」、『エクリII』所収、みすず書房版より）

この言述に照らせば、私たちは「おことば」の文字テキストそのものからは、「私」と主格をもって語っている人物がどこの誰なのか、ついに知ることができない。よしんば、これが悪意の第三者による捏造文だったとしても、それを判別する方途は初めから失われている——最初に私が恐れたのは、実はそのことだった。

だから、そこに〈声〉が介在することには、極めて大きな意味があるのである。〈声〉がそこに介在することで、いったい何がそこで覆《くつがえ》るのだろうか。

〈声〉とは、なんの前提条件もなしに、発語主体を創出することのできる、言葉のほとんど唯一の権能である。発語内容を発語主体のうえに重ねあわせるのは、実は〈声〉なのだ。

だが何故に〈声〉は、そのような爆発的な力をみずからに装塡することが可能なのか。ジャック・デリダは、〈声〉のもつこうした権能を、〈自分が語るのを－聞く〉ことの内に見出していた。

> 純粋な自己－触発として、〈自分が語るのを－聞く〉という活動は、固有の身体の内部の表面までも還元するように思われる。その活動は、その現象において、そうした内面性の中の外在性なしですますことができるように思われる。つまり固有の身体についてのわれわれの経験やわれわれの像《イマージュ》が張りめぐらされる、そういった内部の空間なしですますことができるように思われる。そういうわけで、〈自分が語るのを－聞く〉という活動は、空間一般の絶対的な還元［空間の無化］にほかならないような自己への近さにおいて、絶対的に純粋な自己－触発として体験されるのである。その活動を普遍性に適したものにするのは、この純粋さなのだ。世界の中で規定されるどんな表面も必要とせず、自分を純粋な自己－触発として世界のなかに産出するのだから、その活動は、絶対的に融通無碍《むげ》な意味するもの《シニフィアン》の実質なのである。というのも声は、まさしくそれが純粋な自己－触発として世界の中に産み出されるというかぎりにおいて、世界の中に発される際に、どんな障害にも出会わないからである。
>
> （傍点はママ。デリダ『声と現象』ちくま学芸文庫版より）

もしも天皇の「おことば」がインタビューや記者会見だったとしたら、自らを〈象徴存在〉として生み出すところまで行けたかどうか、私は大いに疑問である。本論考では、天皇の「おことば」の公表が政治的行為に当るか否か、といった現実界での議論は一切遮断したが、そのことは関心の対象がもっぱら象徴界に発する事象のうちにあったからだ。なぜなら天皇のビデオメッセージは、まぎれもなく超＝文学的テキストの最良の事例たるを失わず、しかもそれは、普段は絶対に見ることのできない象徴界のモナドが、ひとりの人間のうえに奇跡的に〈身体〉化するというきわめて稀有な事件だったのであり、この瞬間、象徴界で生起していた事態を考察対象としないことには、それが想像界ひいては現実界に及ぼす反照を精確に知ることはできないと考えたからである。

あの時、テレビ画面のなかに見えていたのは誰だったのだろうか。それは、憲法上の規定によって基本的人権もプライベートも奪われた〈象徴〉という没主体が、みずから〈声〉を発しそれを音声装置を使って増幅させることで、遂にみずからを〈象徴存在〉の位相にまで押し上げるのに成功した、天皇という制度的地位にある実体なき者の前代未聞の姿だったのである。

慰霊行為が作り出す主体

今上天皇がみずから「おことば」を読み上げ、それをビデオメッセージとして世界に向けて公開したことは、その背後に潜む象徴界がまぎれもなく〈身体〉化して、みずから〈声〉を発した、そのような性格の事件であった。天皇の公式発言は、国事行為や公的な機会などにセレモニーの一環としてなされるのが常で、それ自体は特に珍しいことではない。だが、今回のビデオメッセージは、以下の点で、従来のそうした発言とは根本的にその性格を異にしていた。ひとつには、プライベートという概念が存在しない天皇という地位にある者が、あくまで「個人として」言葉を発したということがあげられる。〈象徴〉としての存在が「個人として」語ることは大いなる矛盾であり、同時にまた禁忌でもあるはずのことだった。しかし、それは禁を破って現実に行われたのである。

「おことば」冒頭部分にある「個人として」という限定を、私たちはそのまま字義どおりに受け止めてはならない。私たちがあのビデオメッセージを通して目にし耳にしたものは、通常の意味でいうところのプライベート映像でないことは明らかである。そうではなくて、憲法上〈象徴〉として規定されている存在が「個人として」その思いを語るというのは、天皇が天皇自身として自分自身を語る、つまり〈象徴〉が〈象徴〉自身であることについて、自らの発意で語るという極めて稀有な事態なのである。その瞬間に起こったこととは、初めて天皇がみずからの〈存在〉を私たちの眼前に無防備に露出させるという、かつて例のない事態だった。あのビデオメッセージを通して、私たちはほとんど初めて、天皇という〈存在〉とじかに出会い、そして触れあい、またその〈声〉（＝言葉）と一対一で向き合うことができたのである。

天皇がメッセージのなかでしきりに言及していたのは、自分自身の「象徴の務め」（「象徴天皇の務め」）ということについてだった。私たちはこの「象徴の務め」の意味するところについて、改めて思想の言葉での考察を余儀なくされる。これは非常な困難を伴う作業である。なぜなら、象徴天皇制そのものは戦後憲法によって新しく打ち建てられた理念であり、典拠とすべき知見の累積が極端に限られているからだ。

重要なのは、〈象徴〉はシンボルであって、それ自体けっして実体ではないことである。憲法の規定には、天皇が「日本国」および「日本国民統合」の〈象徴〉であることが明記されており、実体はあくまでこれら現実界（日本国）と想像界（日本国民統合）の側に委ねられた格好だ。それ故に、実体をもたない〈象徴〉たる天皇自身は、いわば〝非実体〟たる自身の〝実体的〟な存在理由を、まさに自分自身の手で〝無〟から造りあげていくしか途はなかった。私たちは、そうやって造りあげられていった象徴天皇制の現実形態を、なによりも天皇のこれまでの現実界での行為を解釈することで、そこに想像していくより方法はないのである。つまり「象徴の務め」とは国事行為や公的行為の枠におさまりきらない、〈象徴存在〉として天皇をアイデンティファイさせる一連の自己活動を指すものと考えるべきなのだ。

今上天皇がこれまでに執り行なった「象徴の務め」のなかで、その本質が最も露わにされたのが第二次大戦の戦没者に対する慰霊行為である。今上天皇は、沖縄戦終結の日、広島原爆の日、長崎原爆の日、そして終戦記念日を、日本人として決して忘れてはならない四つの日だと過去に述べている。そして実際に、広島・長崎や沖縄への慰霊訪問を実行に移してきた。また、二〇〇五年にはサイパン、二〇一五年にはパラオという太平洋戦争の激戦地にそれぞれ慰霊の旅を敢行している。戦没者を普遍的に慰霊する者としての姿がそこにはあった。

天皇が慰霊する者としてこのように行為することの前段には、自分を慰霊者として意味づける「指示 indicate」が間違いなく存在したはずである。そして、実体をもたない〈象徴〉としての卓越したその存在様式が、敵も味方も含めてすべての戦没者を普遍的に慰霊するという、これまで誰にもなし得なかった象徴行為を可能にした。言い換えれば、これらの行為以前に〈象徴存在〉としての主体はまだ存在していない。これらの行為を実践することにより、つまり行為以後にあって、初めてその主体は存在しはじめる。戦争の死者を普遍的に哀悼するという指針をみずからの行為に与え、過去の激戦地へと実際に赴くという形成的な過程のなかで、新たに生みだされたこの主体は、それまで〈象徴〉に過ぎなかった実体なき没主体を、〈象徴存在〉という超越的な境位にまで押し上げたのである。

象徴と民心

（1）宮内庁の幹部人事が物語ること

今年の7月13日に放映された天皇の「生前退位」のスクープと、8月8日のビデオメッセージについて、これまで私はすでに何回か発言してきたが、新聞報道等による以外にひとつの確証も持ち合わせている訳ではなかった。しかし9月も終盤にきて、ある愚劣な政治的振る舞いが、逆説的にひとつの紛れもない〝真実〟を炙りだしてくれたことに、私はいま注目している。

その振る舞いとは、9月23日に発表された宮内庁の幹部人事のことである。報道によると風岡典之・宮内庁長官が26日付で退任し、山本信一郎次長が長官に昇格する。そして、次長のポストには、西村泰彦内閣危機管理監つまり官邸中枢の人間が新たに就任するという。

本来なら風岡長官は来年3月末までは務めると見られていたので、半年も任期が早まったのには、安倍官邸の強い意思が働いたと見るのが妥当だろう。事実、一部の報道によると「お気持ち表明に関し、誰かが落とし前をつけないと駄目だ」（政府関係者）とか、「陛下が思いとどまるよう動くべきだった」（同）との声があるという。

従ってこうした〝報復人事〟がなされたこと自体、天皇陛下のあのビデオメッセージが、官邸のコントロールを脱した、天皇ご自身の正真正銘の「お気持ち」に他ならなかったことを裏側から雄弁に物語るのである。昨今の何ひとつ信用のおけない報道環境のなかで、ようやく私たちは唯一信じられるなまの声に触れることができた訳だ。この意味は途方もなく大きい。

毎日新聞が9月3日と4日に行った全国世論調査によると、天皇の生前退位に「賛成」は全体の84％を占め、「反対」は4％だったという。また「賛成」のうち8割以上が一度限りの特措法ではなく、退位に関する恒久的な制度を求めているとも報じられた。安倍官邸の思いとは裏腹に、民心の大半は天皇の「お気持ち」にこうして温かく寄り添うものだった。象徴と民心——見えにくかったこの繫がりを私はもっと追いかけたい。

（2）　象徴界の言語について

野山や海原に戦死者の屍が累々と打ち捨てられている——「海行かば」が流れてくると、私の脳裏には決まってこんな情景が浮かぶ。その時、想起されたのはつねに昭和天皇の姿であった。戦後になってから象徴天皇に移行したとはいえ、先代の昭和天皇においては、戦前からのこうした強固なアウラが、終生消えることはなかったように思う。これに対して今上天皇には、そうしたイメージを私は一度も抱いたことがない。今上天皇に「海行かば」は、まったく以てそぐわない。その理由として私は、天皇が代替わりすることで、この国の象徴界にも目にみえない重大な変化が生じたからなのだと考える。

象徴界の実在性が私たちの前に露出した事例もないわけではない。例えば、広島の原爆死没者慰霊碑の碑文「安らかに眠って下さい 過ちは 繰返しませぬから」をめぐって起こった「碑文論争」がそうである。論争は、この碑文の後半部「過ちは 繰返しませぬから」について、原爆投下という「過ち」を犯したのはアメリカ人なのに、まるで日本人が「過ち」を犯したように受け取れるという否定意見と、いやこれはすべての戦争犠牲者への冥福と不戦の誓いを述べたものなのだという肯定意見の、対立し合う構図として総括できる。

象徴界から無意識の反照を受け取っている者といない者とで、碑文の解釈がこのように齟齬し合うことになるのはむしろ仕方のないことだった。なぜなら、この碑文は明らかに象徴界の言語で書かれており、そこで表明される誓いも、一国一民族的に止まらぬ普遍的性格のものだったからである。従って、「安らかに眠る」べきなのは原爆の死者とそれに連なる〝全戦没者〟でもあるのだし、また、そこで固く不戦を誓う主体も、特に日本人ということに限定されない〝全人類〟なのだという象徴的解釈が成立するのである。

象徴界を支える基底とは、集合的な民心以外にない。恣意的な読みを許さぬ〝抗体〟があるとすれば、民心こそがその最終の実在性なのだ。

（3）有識者会議とそのヒアリングへの批判

安倍官邸が恣意的に人選して発足させた「天皇陛下の生前退位を巡る有識者会議」なるものに、私はいかなる権威も正統性も認めない。従って、同会議がいま進めている「有識者ヒアリング」に関しても、その内容が天皇のあり方を決める今後の政府方針に反映されることに、強く反対する。

すでに2回行われた有識者ヒアリングは、専門家と言われる人たちがそれぞれの立場から考えを述べる機会として設けられたが、その論点は最初から天皇の「生前退位」ということが前提とされている。これは絶対におかしい。国民のあいだに大きな共感をもって受け入れられた天皇陛下の「お気持ち」の核心は、ご自身が全身全霊をもって「象徴」としての務めを全うしたいという点にあり、今後もそうあり続けるために皇室の安寧を願う内容であって、生前の譲位云々はその方便として言外に示されていたに過ぎぬ。従って、陛下のこうしたお気持ちをいま最も踏みにじっているのが、この「有識者会議」の存在に他ならない。

なぜならば、同会議のこうした性格は、先の今上天皇の「お気持ち」表明の意味を、高齢による退位の問題だと決めつけ矮小化しているからである。このようなものを国民的議論の場として認めることなど到底できない。しかも8月の陛下の「おことば」を受け、政府が用意したのはこの怪しげな有識者会議だけであり、最も批判されるべきは安倍官邸のこうしたおざなりの対応姿勢であるのは歴然である。

天皇陛下自らが憲法規定に抵触寸前の大きなリスクを犯してまで、個人としてのお気持ちを全国民に向かって表明するという、この前代未聞の大事件に対するこれが安倍政権の非道な仕打ちに他ならない。私たちはこのことに対して、もっともっと怒りの声をあげていかなくてはならない。そして、みぎひだり関係なく、真に国民的な議論につながる建設的な意見表明の実績を、かたちにとらわれず積み重ねていく必要があるのだ。私たちの〝公共《パブリック》〟がいま激しく問われている。

［参考資料］

大嘗祭の本義〔抜粋〕

折口信夫

一

最初には、演題を「民俗学より見たる大嘗祭」として見たが、其では、大嘗祭が軽い意義になりはせぬか、と心配して、其で「大嘗祭の本義」とした。
題目が甚、神道家らしく、何か神道の宣伝めいた様なきらひがあるが、実は今までの神道家の考へ方では、大嘗祭はよく訣らぬ。民俗学の立場から、此を明らかにして見たい。

（後略）

五

（前略）

日本の古代の考へでは、或時期に、魂が人間の身体に、附着しに来る時があつた。此時期が冬であつた。歳、窮つた時に、外から来る魂を呼んで、身体へ附着させる、謂はゞ、魂の切り替へを行ふ時期が、冬であつた。吾々の祖先の信仰から言ふと、人間の威力の根元は魂で、此強い魂を附けると、人間は威力を生じ、精力を増すのである。

（中略）

日本紀の敏達天皇の条を見ると、天皇霊といふ語が見えて居る。此は、天子様としての威力の根元の魂といふ事で、此魂を附けると、天子様としての威力が生ずる。此が、冬祭りである。処が後には、或時期に於て、此魂は分割するのだ、と考へ出して来た。そして分割の魂は、人々に分けてやつた。此分割の一つ〳〵の魂は、着物を以てしるしとした。一衣一魂として、年の暮に、天子様は、親しく近い人々に、着物を分配してやられた。此を御衣配といふ。天子様以下の人に於ても、やはり、家々の氏ノ上の魂は分割する。其を衣に附けて分配した。此を衣配《キヌクバ》りといふた。此が近世まで続いて、武家時代になつても、召し使ひに為着《シキ》せを呉れるといふ習慣があつた。

（後略）

六

（前略）

恐れ多い事であるが、昔は、天子様の御身体は、魂の容れ物である、と考へられて居た。天子様の御身体の事を、すめみまのみことと申し上げて居た。みまは本来、肉体を申し上げる名称で、御身体といふ事である。尊い御子孫の意味であるとされたのは、後の考へ方である。すめは、神聖を表す詞で、すめ神のすめと同様である。すめ神と申す神様は、何も別に、皇室に関係のある神と申す意味ではない。単に、神聖といふ意味である。此非常な敬語が、天子様や皇族の方を専、申し上げる様になつて来たのである。此すめみまの命に、天皇霊が這入つて、そこで、天子様はえらい御方となられるのである。其を奈良朝頃の合理観から考へて、尊い御子孫、という風に解釈して来て居るが、ほんとうは、御身体といふ事である。魂の這入る御身体といふ事である。

此すめみまの命である御身体即、肉体は、生死があるが、此肉体を充す処の魂は、終始一貫して不変である。故に譬ひ、肉体は変つても、此魂が這入ると、全く同一な天子様となるのである。出雲の国造家では、親が死ぬと、喪がなくて、直に其子が立つて、国造となる。肉体の死によつて、国造たる魂は、何の変化も受けないのである。

（中略）

古代日本の考へ方によれば、血統上では、先帝から今上天皇が、皇位を継承した事になるが、信仰上からは、先帝も今上も皆同一で、等しく天照大神の御孫で居られる。御身体は御一代毎に変るが、魂は不変である。すめみまの命といふ詞は、決して、天照大神の末の子孫の方々といふ意味ではなく、御孫といふ事である。天照大神との御関係は、ににぎの尊も、神武天皇も、今上天皇も同一である。

此重大な復活鎮魂が、毎年繰り返されるので、神今食・新嘗祭にも、褥が設けられたりする事になる。大嘗祭と、同一な様式で設けられる。復活を完全にせられる為である。日本紀の神代の巻を見ると、此布団の事を、真床襲衾《マドコオフスマ》と申して居る。彼のににぎの尊が天降りせられる時には、此を被つて居られた。此真床襲衾《マドコオフスマ》こそ、大嘗祭の褥裳を考へるよすがともなり、皇太子《ヒツギノミコ》の物忌みの生活を考へるよすがともなる。此物忌みの期間中、外の日を避ける為にかぶるものが、真床襲衾である。此を取り除いた時に、完全な天子様となるのである。此は、日本紀の話であるが、此を毎年の行事でいへば、新嘗祭が済んだ後、直に鎮魂祭が行はれ、其がすんで、元旦の四方拝朝賀式が行はれる。だが此は、元は、一夜の中に一続きに行はれたもので、秋祭りの新嘗祭と、冬祭りの鎮魂祭即、真床襲衾から出て来られ、やがて高御座にお昇りなされて、仰せ言を下される。此らの事は元来、一続きに行はれたのであるが、暦法の変化で、分離して行はれる様になつたのである。

（後略）

（『折口信夫全集　3』中央公論社）

日本国憲法［抜粋］

日本国民は、正当に選挙された国会における代表者を通じて行動し、われらとわれらの子孫のために、諸国民との協和による成果と、わが国全土にわたつて自由のもたらす恵沢を確保し、政府の行為によつて再び戦争の惨禍が起ることのないやうにすることを決意し、ここに主権が国民に存することを宣言し、この憲法を確定する。そもそも国政は、国民の厳粛な信託によるものであつて、その権威は国民に由来し、その権力は国民の代表者がこれを行使し、その福利は国民がこれを享受する。これは人類普遍の原理であり、この憲法は、かかる原理に基くものである。われらは、これに反する一切の憲法、法令及び詔勅を排除する。

日本国民は、恒久の平和を念願し、人間相互の関係を支配する崇高な理想を深く自覚するのであつて、平和を愛する諸国民の公正と信義に信頼して、われらの安全と生存を保持しようと決意した。われらは、平和を維持し、専制と隷従、圧迫と偏狭を地上から永遠に除去しようと努めてゐる国際社会において、名誉ある地位を占めたいと思ふ。われらは、全世界の国民が、ひとしく恐怖と欠乏から免かれ、平和のうちに生存する権利を有することを確認する。

われらは、いづれの国家も、自国のことのみに専念して他国を無視してはならないのであつて、政治道徳の法則は、普遍的なものであり、この法則に従ふことは、自国の主権を維持し、他国と対等関係に立たうとする各国の責務であると信ずる。

日本国民は、国家の名誉にかけ、全力をあげてこの崇高な理想と目的を達成することを誓ふ。

第一章　天皇

第一条　天皇は、日本国の象徴であり日本国民統合の象徴であつて、この地位は、主権の存する日本国民の総意に基く。
第二条　皇位は、世襲のものであつて、国会の議決した皇室典範の定めるところにより、これを継承する。
第三条　天皇の国事に関するすべての行為には、内閣の助言と承認を必要とし、内閣が、その責任を負ふ。
第四条　天皇は、この憲法の定める国事に関する行為のみを行ひ、国政に関する権能を有しない。
2　天皇は、法律の定めるところにより、その国事に関する行為を委任することができる。
第五条　皇室典範の定めるところにより摂政を置くときは、摂政は、天皇の名でその国事に関する行為を行ふ。この場合には、前条第一項の規定を準用する。
第六条　天皇は、国会の指名に基いて、内閣総理大臣を任命する。
2　天皇は、内閣の指名に基いて、最高裁判所の長たる裁判官を任命する。
第七条　天皇は、内閣の助言と承認により、国民のために、左の国事に関する行為を行ふ。
一　憲法改正、法律、政令及び条約を公布すること。
二　国会を召集すること。
三　衆議院を解散すること。

四　国会議員の総選挙の施行を公示すること。
五　国務大臣及び法律の定めるその他の官吏の任免並びに全権委任状及び大使及び公使の信任状を認証すること。
六　大赦、特赦、減刑、刑の執行の免除及び復権を認証すること。
七　栄典を授与すること。
八　批准書及び法律の定めるその他の外交文書を認証すること。
九　外国の大使及び公使を接受すること。
十　儀式を行ふこと。
第八条　皇室に財産を譲り渡し、又は皇室が、財産を譲り受け、若しくは賜与することは、国会の議決に基かなければならない。

第二章　戦争の放棄

第九条　日本国民は、正義と秩序を基調とする国際平和を誠実に希求し、国権の発動たる戦争と、武力による威嚇又は武力の行使は、国際紛争を解決する手段としては、永久にこれを放棄する。
2　前項の目的を達するため、陸海空軍その他の戦力は、これを保持しない。国の交戦権は、これを認めない。
（後略）

自民党・日本国憲法改正草案［抜粋］

平成24年4月27日決定

（前文）

日本国は、長い歴史と固有の文化を持ち、国民統合の象徴である天皇を戴く国家であって、国民主権の下、立法、行政及び司法の三権分立に基づいて統治される。

我が国は、先の大戦による荒廃や幾多の大災害を乗り越えて発展し、今や国際社会において重要な地位を占めており、平和主義の下、諸外国との友好関係を増進し、世界の平和と繁栄に貢献する。

日本国民は、国と郷土を誇りと気概を持って自ら守り、基本的人権を尊重するとともに、和を尊び、家族や社会全体が互いに助け合って国家を形成する。

我々は、自由と規律を重んじ、美しい国土と自然環境を守りつつ、教育や科学技術を振興し、活力ある経済活動を通じて国を成長させる。

日本国民は、良き伝統と我々の国家を末永く子孫に継承するため、ここに、この憲法を制定する。

第一章　天皇

（天皇）

第一条　天皇は、日本国の元首であり、日本国及び日本国民統合の象徴であって、その地位は、主権の存する日本国民の総意に基づく。

（皇位の継承）

第二条　皇位は、世襲のものであって、国会の議決した皇室典範の定めるところにより、これを継承する。

（国旗及び国家）

第三条　国旗は日章旗とし、国歌は君が代とする。
2　日本国民は、国旗及び国歌を尊重しなければならない。
（元号）
第四条　元号は、法律の定めるところにより、皇位の継承があったときに制定する。
（天皇の権能）
第五条　天皇は、この憲法に定める国事に関する行為を行い、国政に関する権能を有しない。
（天皇の国事行為等）
第六条　天皇は、国民のために、国会の指名に基づいて内閣総理大臣を任命し、内閣の指名に基づいて最高裁判所の長である裁判官を任命する。
2　天皇は、国民のために、次に掲げる国事に関する行為を行う。
一　憲法改正、法律、政令及び条約を公布すること。
二　国会を召集すること。
三　衆議院を解散すること。

四　衆議院議員の総選挙及び参議院議員の通常選挙の施行を公示すること。
五　国務大臣及び法律の定めるその他の国の公務員の任免を認証すること。
六　大赦、特赦、減刑、刑の執行の免除及び復権を認証すること。
七　栄典を授与すること。
八　全権委任状並びに大使及び公使の信任状並びに批准書及び法律の定めるその他の外交文書を認証すること。
九　外国の大使及び公使を接受すること。
十　儀式を行うこと。

3　天皇は、法律の定めるところにより、前二項の行為を委任することができる。

4　天皇の国事に関する全ての行為には、内閣の進言を必要とし、内閣がその責任を負う。ただし、衆議院の解散については、内閣総理大臣の進言による。

5　第一項及び第二項に掲げるもののほか、天皇は、国又は地方自治体その他の公共団体が主催する式典への出席その他の公的な行為を行う。

（摂政）

第七条　皇室典範の定めるところにより摂政を置くときは、摂政は、天皇の名で、その国事に関する行為を行う。

2　第五条及び前条第４項の規定は、摂政について準用する。

（皇室への財産の譲渡等の制限）

第八条　皇室に財産を譲り渡し、又は皇室が財産を譲り受け、若しくは賜与するには、法律で定める場合を除き、国会の承認を経なければならない。

第二章　安全保障

（平和主義）

第九条　日本国民は、正義と秩序を基調とする国際平和を誠実に希求し、国権の発動としての戦争を放棄し、武力による威嚇及び武力の行使は、国際紛争を解決する手段としては用いない。

2　前項の規定は、自衛権の発動を妨げるものではない。

（国防軍）

第九条の二　我が国の平和と独立並びに国及び国民の安全を確保するため、内閣総理大臣を最高指揮官とする国防軍を保持する。

2　国防軍は、前項の規定による任務を遂行する際は、法律の定めるところにより、国会の承認その他の統制に服する。

3　国防軍は、第一項に規定する任務を遂行するための活動のほか、法律の定めるところにより、国際社会の平和と安全を確保するために国際的に協調して行われる活動及び公の秩序を維持し、又は国民の生命若しくは自由を守るための活動を行うことができる。

4　前二項に定めるもののほか、国防軍の組織、統制及び機密の保持に関する事項は、法律で定める。

5　国防軍に属する軍人その他の公務員がその職務の実施に伴う罪又は国防軍の機密に関する罪を犯した場合の裁判を行うため、法律の定めるところにより、国防軍に審判所を置く。この場合においては、被告人が裁判所へ上訴する権利は、保障されなければならない。

（領土等の保全等）

第九条の三　国は、主権と独立を守るため、国民と協力して、領土、領海及び領空を保全し、その資源を確保しなければならない。

（後略）

in their thoughts. In order to carry out the duties of the Emperor as the symbol of the State and as a symbol of the unity of the people, the Emperor needs to seek from the people their understanding on the role of the symbol of the State. I think that likewise, there is need for the Emperor to have a deep awareness of his own role as the Emperor, deep understanding of the people, and willingness to nurture within himself the awareness of being with the people. In this regard, I have felt that my travels to various places throughout Japan, in particular, to remote places and islands, are important acts of the Emperor as the symbol of the State and I have carried them out in that spirit. In my travels throughout the country, which I have made together with the Empress, including the time when I was Crown Prince, I was made aware that wherever I went there were thousands of citizens who love their local community and with quiet dedication continue to support their community. With this awareness I was able to carry out the most important duties of the Emperor, to always think of the people and pray for the people, with deep respect and love for the people. That, I feel, has been a great blessing.

In coping with the aging of the Emperor, I think it is not possible to continue reducing perpetually the Emperor's acts in matters of state and his duties as the symbol of the State. A Regency may be established to act in the place of the Emperor when the Emperor cannot fulfill his duties for reasons such as he is not yet of age or he is seriously ill. Even in such cases, however, it does not change the fact that the Emperor continues to be the Emperor till the end of his life, even though he is unable to fully carry out his duties as the Emperor.

When the Emperor has ill health and his condition becomes serious, I am concerned that, as we have seen in the past, society comes to a standstill and people's lives are impacted in various ways. The practice in the Imperial Family has been that the death of the Emperor called for events of heavy mourning, continuing every day for two months, followed by funeral events which continue for one year. These various events occur simultaneously with events related to the new era, placing a very heavy strain on those involved in the events, in particular, the family left behind. It occurs to me from time to time to wonder whether it is possible to prevent such a situation.

As I said in the beginning, under the Constitution, the Emperor does not have powers related to government. Even under such circumstances, it is my hope that by thoroughly reflecting on our country's long history of emperors, the Imperial Family can continue to be with the people at all times and can work together with the people to build the future of our country, and that the duties of the Emperor as the symbol of the State can continue steadily without a break. With this earnest wish, I have decided to make my thoughts known.

I sincerely hope for your understanding.

Message from His Majesty The Emperor (August 8, 2016)

A major milestone year marking the 70th anniversary of the end of World War II has passed, and in two years we will be welcoming the 30th year of Heisei.

As I am now more than 80 years old and there are times when I feel various constraints such as in my physical fitness, in the last few years I have started to reflect on my years as the Emperor, and contemplate on my role and my duties as the Emperor in the days to come.

As we are in the midst of a rapidly aging society, I would like to talk to you today about what would be a desirable role of the Emperor in a time when the Emperor, too, becomes advanced in age. While, being in the position of the Emperor, I must refrain from making any specific comments on the existing Imperial system, I would like to tell you what I, as an individual, have been thinking about.

Ever since my accession to the throne, I have carried out the acts of the Emperor in matters of state, and at the same time I have spent my days searching for and contemplating on what is the desirable role of the Emperor, who is designated to be the symbol of the State by the Constitution of Japan. As one who has inherited a long tradition, I have always felt a deep sense of responsibility to protect this tradition. At the same time, in a nation and in a world which are constantly changing, I have continued to think to this day about how the Japanese Imperial Family can put its traditions to good use in the present age and be an active and inherent part of society, responding to the expectations of the people.

It was some years ago, after my two surgeries that I began to feel a decline in my fitness level because of my advancing age, and I started to think about the pending future, how I should conduct myself should it become difficult for me to carry out my heavy duties in the way I have been doing, and what would be best for the country, for the people, and also for the Imperial Family members who will follow after me. I am already 80 years old, and fortunately I am now in good health. However, when I consider that my fitness level is gradually declining, I am worried that it may become difficult for me to carry out my duties as the symbol of the State with my whole being as I have done until now.

I ascended to the throne approximately 28 years ago, and during these years, I have spent my days together with the people of Japan, sharing much of the joys as well as the sorrows that have happened in our country. I have considered that the first and foremost duty of the Emperor is to pray for peace and happiness of all the people. At the same time, I also believe that in some cases it is essential to stand by the people, listen to their voices, and be close to them

【初出一覧】

幻想史学と天皇ビデオメッセージ　２０１６年10月１日、幻想史学の会・東京講演会での講演に加筆。

象徴としての天皇が語ったこと　図書新聞〈詩クロニクル〉、２０１６年９月17日

天皇陛下〈８・８ビデオメッセージ〉の真実　奪回─古代研究─　№18、２０１６年９月１日

反知性主義クーデターに抗する存在について──今上天皇と〈象徴存在〉　季報　唯物論研究　第１３７号、２０１６年12月

日本国憲法と〈象徴存在〉　スタンザ13号、２０１６年10月

象徴と民心

（１）宮内庁の幹部人事が物語ること　図書新聞〈詩クロニクル〉、２０１６年10月29日

（２）象徴界の言語について　同11月19日

（３）有識者会議とそのヒアリングへの批判　同12月３日

あとがき

本書は、二〇一六年七月十三日の衝撃的な「天皇陛下生前退位」のニュース以降、ほぼ四ヶ月のあいだに私が発表した関連論考および講演記録を収めたものである。

昨年の夏に大きな盛り上がりを見せた安保法制への反対運動が、六〇年安保以来の大衆動員を呼び起こしながら、政権側の法案通過を阻止できなかった事実への無念さは、運動のほんの末端にいた自分のような者にも、悪い負債を背負わされたような感覚となって今も重くのしかかっている。

民主主義、立憲主義、憲法九条の不戦条項など、これまで戦後の日本が自明の前提としてきたもろもろの価値観が、一挙に切り崩されていくのではないかという底知れぬ不安。それが多くの人に一刻の猶予もならぬ危機意識となって共有された結果、運動は当初思いもしなかったような広がりと継続性とを持ちえたのだと信じる。

私はこうした流れのなかで、その後に来るものが、政権による憲法改正にむけた茶番劇の数々であろうと諦念にちかいものを抱いていたが、そこにまったく予想もしていなかった新たな事態が、他ならぬ天皇陛下によってもたらされたことに、はかり知れない衝撃と感慨とを覚えた。

私が最初に〈天皇〉という存在と真剣に向きあったのは、昭和天皇の崩御とそれに続く今上天皇の即位の時だった。戦後生まれの私にとって、天皇といえば先の大戦時に大元帥の地位にあった昭和天皇のことであり、わが国の伝統的王権としてよりも、明治以降に政治や軍事の頂点に君臨して、民衆の権力支配に絶大な影響をおよぼした近代天皇制のこと以外ではなかった。それを、私は思想面から長いこと敵視してきたのである。

そして、今年八月の今上天皇のビデオメッセージが、私にとっては〈天皇〉との二度目の本当の出会いになったのだった。

その時、自分のなかに生じた最も大きな変化とは、ビデオメッセージを通して、初めて天皇陛下の〝人格〟に触れえたという確かな実感を覚えたことである。そして、その「おことば」の一語一語を熟読玩味するにつけ、昨年の夏、私たちが安保法制に反対の声をあげることで、最後まで護ろうと闘ってきたこの国の戦後的価値の数々を、自身の存在をかけて体現してこられたのが他ならぬ今上天皇その人であることに、初めて思い当たったのである。

このような経緯から私には、「おことば」公表にいたる陛下の今回の行為が、象徴天皇制とそれを保障する日本国憲法の、いまや消え入りそうになっている実体的価値を、まさに陛下みずからが知力の限りを尽くして護ろうと、ひとり身を乗り出された、その勇気あるお姿に見えてならなかったのだ。

天皇制の歴史は古く、また長い時の流れのなかでその在りかたも決して一様ではなく、時の権力者たちの政争の具に利用されたことも二度や三度ではなかった。明治以降にあっては、国がひき起こす戦争の大義の影に、つねに神格化された天皇の御真影が伴われていたし、そこで天皇の存在は、国民を戦禍に巻き込みその犠牲の血を強いてくる最高権威という暗い印象が、当時の私には根強かったのである。

天皇像にまつわるこうした否定的なイメージは、今上天皇に関する限り、少なくとも今の私の中には一切ない。それどころか、戦後的価値の守護者としての象徴的側面ばかりが、先の昭和天皇のカリスマ的だった存在感にもまして、今上天皇には純化されて宿るのである。

ここに収めた論考と講演は、どれも私のこうした内面の変化に呼応し、それぞれの機会を捉えて書き継がれ、あるいは話されたものである。天皇や皇室について特段の専門知識も持ちあわせない、一介の

あとがき

物書きに過ぎない私が、このような大それた内容の一書を上梓することについては、幾ばくかの気おくれがあったのも事実である。

しかしながら、「おことば」の最後に述べられた「国民の理解を得られることを、切に願っています。」という陛下の一言が、私の心を奮い立たせてくれたと言っても過言ではない。

私がしたことと言えば、これまで自分が培ってきたとぼしい思想とわずかばかりの知識をもとに、〈8・8ビデオメッセージ〉についてみずから考えたことを、そのまま言葉にしたに過ぎない。

果たしてこのような著作でも、私たちが現在直面している憲法をめぐる問題や、今後の国のあるべき姿などについて、議論を盛り上げるきっかけになってくれるのであれば、著者として望外の喜びである。と同時に、天皇陛下の「おことば」に託された真意について、読者がそれぞれの場所からより深く考えるために、このつたない書物がなにがしかの前向きな役割を果たしてくれることを切に願ってやまない。

本書を編むにあたっては、実にさまざまな方からの励ましと応援を頂戴した。この場を借りて、心からの御礼を申し上げたい。特に、論考発表の最初のきっかけをご提供くださった「幻想史学の会」の室伏志畔氏、および本書の出版を即断で決めてくださった不知火書房の米本慎一氏には、その並々ならぬご厚情に浴したことをここに深謝するものである。

二〇一六年十二月一日

添田　馨

添田 馨（そえだ かおる）

詩人、批評家
1955年生まれ。詩集に『語族』（第7回小野十三郎賞）、『民族』（共に思潮社）。評論集に『戦後ロマンティシズムの終焉—六〇年代詩の検証』、『吉本隆明—現代思想の光貌』（共に林道舎）、『吉本隆明—論争のクロニクル』（響文社）等がある。室伏志畔主宰の古代史研究「幻想史学の会」会員。

天皇陛下〈8・8ビデオメッセージ〉の真実

2016年12月30日　初版第1刷発行ⓒ

定価はカバーに表示してあります

著　者　添田　馨
発行者　米本慎一
発行所　不知火書房

〒810-0024　福岡市中央区桜坂3-12-78
電　話 092-781-6962
FAX 092-791-7161
郵便振替　01770-4-51797
制作　藤村興晴（忘羊社）
印刷・製本　モリモト印刷

落丁本・乱丁本はお取替えいたします　Printed in Japan

ISBN978-4-88345-112-8 C0030

好評既刊・近刊予告（本のご注文は書店か不知火書房まで）

価税別

「倭国」とは何かⅡ　古代史論文集　九州古代史の会編　2500円

百済の王統と日本の古代　〈半島〉と〈列島〉の相互越境史　兼川　晋　2500円

真実の仁徳天皇　和歌が解き明かす古代史　福永晋三　1800円

悲劇の好字　金印「漢委奴国王」の読みと意味　黄　當時　2200円

太宰府・宝満・沖ノ島　古代祭祀線と式内社配置の謎　伊藤まさこ　1800円

神功皇后伝承を歩く（上・下）　福岡県の神社ガイドブック　綾杉るな　各1800円

宮地嶽神社と筑紫磐井の末裔たち　巨大古墳と九州王朝の謎　綾杉るな　近　刊